Haute Ecole
Groupe ICHEC - ISC St-Louis - ISFSC

I0486305

Enseignement supérieur de type long de niveau universitaire

L'Investissement foncier agricole
en Belgique :
enjeux et perspectives

Mémoire présenté par

Édouard Nève de Mévergnies

Pour l'obtention du diplôme de Master

Année académique 2014-2015

Boulevard Brand Whitlock 2 – 1150 Bruxelles

Je tiens à remercier toutes les personnes qui m'ont apporté de l'aide dans l'élaboration de mon mémoire et tout particulièrement :

Bertrand de Cumont qui m'a fait, depuis longtemps déjà, découvrir le passionnant métier d'agriculteur et d'éleveur.

Les témoins privilégiés qui m'ont apporté une multitude d'informations passionnantes et qui m'ont aidé dans la réflexion sur la problématique du prix du foncier agricole à savoir Antoine-Henry d'Andlau, le notaire Etienne Beguin, Johnny de Cumont, Lionel le Hardÿ de Beaulieu, Jean de Quatrebarbes et Joseph van der Stegen. Ils m'ont consacré beaucoup de temps pour répondre à mes questions et interrogations.

Erik Vloeberghs, le responsable « Information et Communication » à la direction générale Statistique-Belgique pour toutes les informations qu'il m'a transmises, ainsi que Christelle Houthoofdt et Stéphanie Thirion du Service bibliothèque à la Haute-Ecole Charlemagne d'agronomie à Gembloux et à Huy.

Dorsan Eyben, étudiant à l'ULB et à Gembloux en agronomie pour ses aides dans la recherche documentaire.

TABLE DES MATIÈRES

INTRODUCTION

Phénomène

En mai 2013, un article de l'hebdomadaire le Vif-L'Express rédigé par Thierry Denoel « *Pourquoi Albert Frère investit dans les terres agricoles* », tirait parti de la création, par le célèbre homme d'affaires Albert Frère, d'une nouvelle société chargée de gérer ses propriétés agricoles pour présenter l'investissement foncier agricole comme une formule de placement particulièrement rentable. L'auteur de l'article citait un certain nombre de professionnels du secteur foncier dont le notaire Etienne Beguin pour développer la thèse selon laquelle l'investissement dans les terres agricoles apparaissait comme un choix particulièrement judicieux.

Plus récemment, le 26 février 2015, l'émission de télévision de la RTBF « On n'est pas des pigeons ! » consacrait un reportage *« Terres agricoles en vue »* présenté par Florence Hainaut et Véronique Fouya sur le même sujet et parvenait à des conclusions fort semblables.

Motivation et objectif

J'ai été d'autant plus frappé par ces affirmations des médias que je suis depuis longtemps déjà personnellement fort intéressé par le monde agricole, l'accès à la terre et le travail des agriculteurs ; j'ai pensé qu'il serait intéressant de chercher, dans ce mémoire, à vérifier si l'idée ainsi véhiculée dans les médias comme quoi les terrains agricoles représentaient désormais une opportunité d'investissement pratiquement incontournable correspondait bien à la réalité.

Notre travail aura dès lors pour objectif de déterminer les différents facteurs susceptibles d'influencer le rendement à long terme d'un investissement dans le secteur foncier agricole, et ainsi de pouvoir vérifier la pertinence d'un tel investissement.

Question de départ

Dès les débuts de notre recherche, nous nous sommes heurté à une première difficulté majeure : en Belgique, suite à l'adoption de la loi sur la protection de la vie privée, il n'est théoriquement plus possible de connaître la valeur des terres agricoles. L'absence d'une donnée aussi fondamentale ne nous a pas découragé, mais elle nous a amené à rencontrer un certain nombre d'acteurs de terrain susceptibles de compléter nos informations. La question que nous aurons donc à traiter dans le cadre de ce travail est la suivante : **est-il pertinent d'investir dans les terres foncières agricoles ?**

La volonté de répondre à cette question nous amènera successivement à évoquer l'impact des évolutions démographiques à l'échelle mondiale par rapport aux terres disponibles, l'évolution de la surface agraire utile (SAU) en Belgique et du nombre d'exploitants par rapport à cette surface, l'impact de la densité de la population en Belgique, les différences entre les diverses régions agricoles belges.

Cette première étape de l'analyse nous permettra de mieux poser notre problématique et de préciser notre dispositif méthodologique en identifiant les indicateurs pertinents pour notre recherche. Nous pourrons alors chercher à justifier le prix des terres agricoles par la valeur actuelle des revenus. Cette démarche nous amènera à examiner l'évolution générale du marché des biens fonciers en Belgique.

Un examen de la situation dans les pays limitrophes ainsi que dans un certain nombre de pays plus lointains, en Europe et hors d'Europe, permettra de faire mieux apparaître les spécificités de la situation de notre pays en la matière.

Il nous sera alors possible de mener une analyse des éléments qui influencent l'offre et la demande globale - et donc le prix des biens fonciers agricoles : rentabilité de la terre et impact des dispositifs prévus dans le cadre de la PAC. Notre analyse identifiera également les facteurs permettant de constater une relative raréfaction des terrains disponibles. Enfin, nous mettrons en évidence l'importance de la présence d'un successeur pour reprendre l'exploitation agricole dans le cadre juridique, fiscal et économique qui prévaut actuellement en Belgique. L'ensemble de ces éléments nous permettra alors de mieux cerner les avantages et les difficultés de l'investissement foncier agricole.

Nous verrons ainsi que les affirmations des médias présentaient un caractère quelque peu approximatif et péremptoire et que la réalité est plus nuancée. Mais n'est-ce pas presque toujours le cas ?

PARTIE I : LA SITUATION MONDIALE

Dans cette première partie, nous allons d'abord rappeler l'évolution de la population mondiale pour ensuite examiner l'évolution des surfaces agricoles dans le monde. Nous évoquerons également de manière sommaire quelques évolutions concernant le développement de méthodes de production agricole plus efficientes. Cette première étape de notre travail entend vérifier une première hypothèse :

« L'offre mondiale de produits alimentaires agricoles, et notamment de céréales, ne répondra pas à l'augmentation de la demande générée par la croissance de la population mondiale. Ce décalage entre l'offre et la demande aura pour conséquence une augmentation du prix des produits alimentaires concernés, augmentation qui à son tour entraînera une hausse du prix des terres agricoles. »

Chapitre I : Évolution de la population mondiale :

	Démographie en millier de personnes			Densité de la population par km²
	2013	2050 (+37 ans)	2100	2013
Monde	7 162 119	9 550 945 (+33%)	10 853 849	52
Pays développés	1 252 805	1 303 110 (+4%)	1 284 035	24
Pays moins développés	5 909 315	8 247 835 (+40%)	9 569 814	71
Pays les moins avancés	898 433	1 810 590 (+102%)	2 977 745	42
Autres pays en développement	5 010 882	6 832 686 (+36%)	8 462 323	81

Source: United Nations - Department of Economic and Social Affairs - Population Division
World Population (2012)

La finalité première de l'agriculture ayant toujours été de nourrir les populations, l'évolution de la population mondiale constitue naturellement une donnée essentielle s'agissant de l'avenir de l'agriculture. Or, selon une étude dirigée par les Nations Unies, la population mondiale augmenterait de près de 1 milliard d'habitants (+12,5%) en 12 ans et de 2,4 milliards (+33%) en 37 ans (OCDE et FAO, 2014).

Il est important de noter que l'augmentation démographique est observée presque exclusivement dans les pays en développement et plus particulièrement en Afrique, où la population, toujours selon l'étude de l'ONU, ferait plus que doubler en 37 ans. La population de ce continent pourrait ainsi passer de 1,1 milliard aujourd'hui à 2,4 milliards en 2050, pour atteindre 4,2 milliards d'habitants d'ici 2100. (ONU, 2013)

Alors que la population du reste du monde devrait augmenter d'un peu plus de 10% entre 2013 et 2100, la population européenne devrait, quant à elle, diminuer de 14%, en raison d'une fécondité inférieure au taux de remplacement - 2,1 enfants par femme en moyenne - dans presque tous les pays européens, Belgique y compris.

Enfin, le rapport indique que l'espérance de vie devrait augmenter dans les années à venir, poursuivant une tendance apparue au 20ème siècle lorsqu'elle était passée de 47 ans en 1950-1955 à 69 ans en 2005-2010. Au cours des 40 prochaines années, l'espérance de vie au niveau mondial devrait atteindre 76 ans en 2045-2050 et 82 ans en 2095-2100, conclut le rapport. (ONU, 2013).

Les conséquences

Les évolutions que l'on vient de rappeler à grands traits ont bien évidemment des répercussions sur la situation du secteur agricole (OCDE et FAO, 2014).

L'augmentation de la population mondiale signifie tout simplement qu'il y aura davantage de bouches à nourrir... Mais la différenciation observée dans les comportements démographiques entre les différentes régions du monde doit également être prise en compte.

S'il y a davantage de bouches à nourrir, cette augmentation ne concerne pas dans les mêmes proportions toutes les régions du monde. L'agriculteur belge, de ce point de vue, ne se trouve pas dans la même situation que son homologue d'un pays qui connaît encore une forte augmentation de sa population.

Cet agriculteur belge ne peut pas vraiment tabler sur une augmentation «naturelle» des consommateurs locaux pour envisager un avenir radieux où sa production prendrait toujours plus de valeur parce qu'elle serait demandée par un nombre grandissant de personnes. L'augmentation de la population dans d'autres régions du monde le concerne néanmoins. Tout d'abord, s'il exporte une partie de sa production vers ces régions. Ensuite, parce que l'augmentation de la population mondiale a un impact sur les prix mondiaux, ce qui à son tour a des conséquences pour notre agriculteur belge.

Par ailleurs, et comme on l'a signalé, c'est avant tout une population au pouvoir d'achat limité qui représente le gros de l'accroissement démographique. Le comportement de consommation de ces populations ne peut être totalement assimilé à celui de groupes sociaux plus favorisés sur le plan de leurs ressources économiques.

Quant à la question, encore plus fondamentale, de la capacité de la planète à nourrir ces populations toujours plus nombreuses, elle a, depuis Malthus au moins, fait couler beaucoup d'encre et a donné lieu à des thèses très divergentes. Il serait tentant d'affirmer que l'augmentation de la demande mondiale générée par cet accroissement de la population devrait mécaniquement entraîner, en vertu de la loi de l'offre et de la demande, une augmentation sensible des prix agricoles et donc des revenus des agriculteurs, ce qui dans la perspective de l'investissement dans le foncier agricole constituerait un scénario alléchant. La réalité est toutefois beaucoup plus complexe, comme notre travail pourra le montrer à plusieurs égards...

Chapitre II : La surface agricole utile (SAU) mondiale

La surface agricole utile (SAU) mondiale représente (sur 15 milliards d'hectares de terre émergée) 4.94 milliards d'hectares (OCDE et FAO, 2014). C'est-à-dire que la SAU représente 33% donc un tiers des terres émergées. Dont 9% (1.4 milliards d'hectares) représentent des terres arables, le reste étant essentiellement composé de pâturage pour le bétail.

Selon l'étude dirigée en 2014 par la Banque mondiale (OCDE et FAO, 2014), le secteur agricole à l'échelle mondiale (en incluant, outre l'exploitation des terres arables et les pâturages, les vergers, la sylviculture, la chasse et la pêche) représente 2,3% du PIB mondial. Cela correspond à une industrie de 1.470 milliards d'euros.

Perspective d'augmentation des terres arables pour la production du blé: en <u>pourcentage</u> en 2023 par rapport à 2011-13

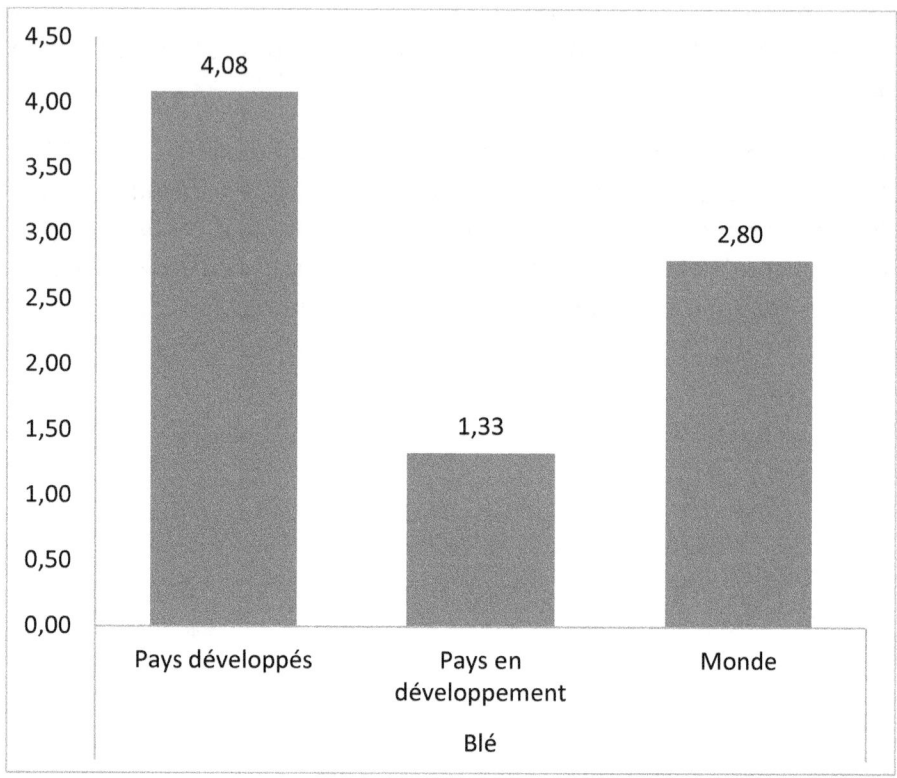

Source : Secrétariats de l'OCDE et de la FAO (2015)

Un graphique plus complet sur les perspectives d'augmentation des terres arables comprenant d'autres denrées alimentaire que le blé, se trouve en annexe.

Chapitre III : Evolution des méthodes de production agricole

Il serait simpliste d'affirmer que l'augmentation constante de la population mondiale alors que la surface agricole utile n'évolue pas du tout au même rythme devrait forcément avoir pour conséquence la multiplication des pénuries de denrées agricoles. En effet, plusieurs éléments permettent de nuancer ce raisonnement, à commencer par l'évolution des méthodes de production agricole et plus particulièrement l'augmentation sensible de la productivité agricole à laquelle nous avons assisté depuis la révolution verte dès les années 1960.

La révolution verte représente une révolution dans la manière de produire et récolter les biens agricoles. Elle prend de plus en plus d'ampleur à partir de 1970. La révolution verte se caractérise par l'utilisation de céréales à haut potentiel de production, l'utilisation d'engrais chimiques et l'importance de l'irrigation. Cependant, comme nous le verrons, selon un certain nombre d'agronomes, la révolution verte présente et pourra présenter encore des effets négatifs sur l'agriculture (cfr infra p.92).

En tout cas, depuis cette époque, les recherches visant à améliorer la productivité agricole et à augmenter la production pour faire face à la demande mondiale n'ont cessé de s'intensifier (ARTE, 2015). C'est ainsi que récemment, des chercheurs de l'université de l'Arizona ont développé une technologie baptisée CEA (Controlled Environment Agriculture Center, 2014), mise en œuvre pour résoudre les problèmes d'adéquation entre l'offre et la demande. Il s'agit d'une agriculture qui se développe dans un environnement parfaitement artificiel et contrôlé mais qui est susceptible de fonctionner mieux que la nature elle-même. Cette technologie optimise la croissance de la plante. En effet, elle régule les conditions d'environnement en contrôlant la température, la teneur en CO_2 dans l'air et l'humidité ambiante et en adaptant le spectre de la lumière.

Sur le plan agronomique, le résultat est excellent. Cependant sur le plan économique, il est loin d'être rentable. Selon l'étude dirigée par le docteur Hian Jû, la production de nourriture fraîche via la technologie CEA coûte en moyenne 12 euros par kilo. Cette technique de production pourrait néanmoins constituer une alternative crédible pour certaines mégalopoles capables de financer de telles installations. Shanghai et Pékin en sont des exemples. Ces villes peuvent se permettre de produire des aliments de qualité pour une importante concentration d'une population disposant d'un pouvoir d'achat relativement élevé. Les produits (essentiellement fruits et légumes) issus de cette technologie seront vendus en tant que produits de luxe.

En conclusion, ce mode de production peut exister mais ne remplacera jamais l'agriculture classique. Cependant, rien n'interdit de penser que la progression rapide de la productivité agricole permettra de nourrir la planète en dépit de la croissance démographique. Le véritable problème n'est pas tant celui des famines, fort heureusement très rares et généralement liées à des troubles politiques graves perturbant le fonctionnement normal de l'économie et des transports, mais le fait qu'un nombre encore trop élevé de personnes n'ont accès qu'à une alimentation déséquilibrée.

Augmentation du rendement des cultures de blé: Évolution en pourcentage en 2023 par rapport à 2011-13

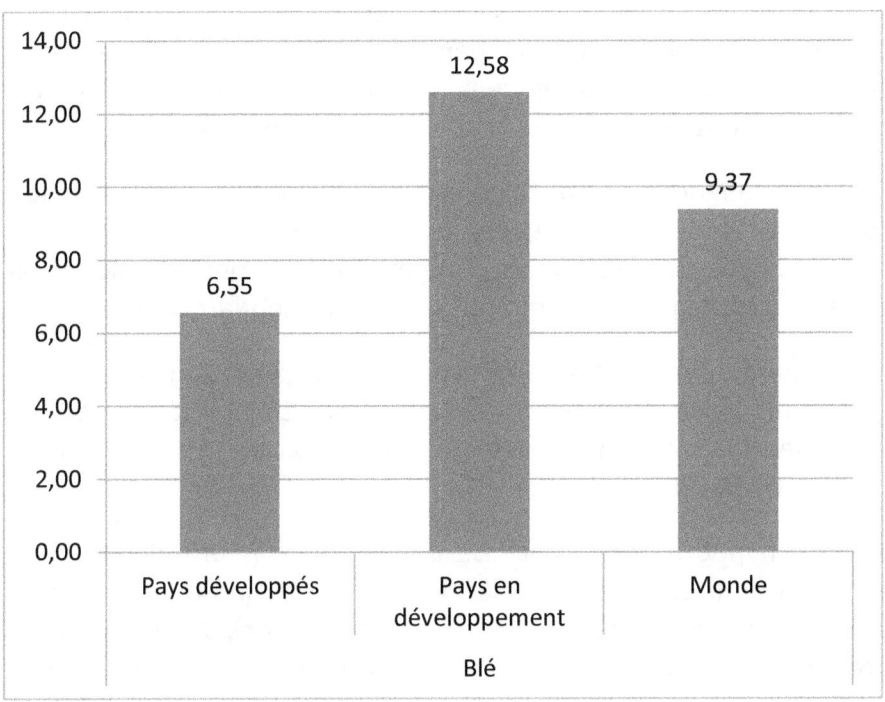

Source : Secrétariats de l'OCDE et de la FAO (2015)

Conclusion

Il s'avère donc, selon des sources sérieuses et fiables, que l'hypothèse d'une hausse du prix des terres agricoles qui serait provoquée par une insuffisance croissante des capacités de production à faire face à la demande toujours plus importante générée par l'augmentation de la population mondiale ne peut être retenue, à tout le moins sous une forme aussi mécanique.

Ce scénario ignore en effet l'impact considérable de l'amélioration constante de la productivité que permet le développement technologique, et surtout de l'augmentation considérable de la surface agricole utile, notamment sur le continent africain.

À cet égard, le rapport détaillé établi par l'organisation des Nations unies avec l'aide de la Food and Agriculture Organisation (FAO) va clairement dans le sens du rejet d'un tel scénario. (Organisation des Nations Unies, 2014).

Si cette hypothèse de la hausse inéluctable des prix des terrains agricoles pour cause de croissance démographique mondiale avait été fondée, cela aurait eu un impact considérable sur la problématique que nous entendons aborder dans ce travail.

Il nous a dès lors semblé indispensable de préciser d'emblée que cette problématique de l'investissement foncier agricole et donc de la valeur des terres agricoles ne peut se réduire à ce schéma simplificateur.

PARTIE II : LA SITUATION EN BELGIQUE

Notre recherche porte essentiellement sur l'opportunité d'un investissement dans le secteur foncier agricole en Belgique et plus précisément encore en Wallonie. Il convient donc de fournir avant tout un certain nombre de données fondamentales concernant la surface agricole utile en Belgique et son évolution, l'évolution du nombre des exploitants et, l'évolution du nombre d'exploitants par rapport à la surface agricole utile. Par ailleurs, la répartition et la densité de la population en Belgique, ainsi que les caractéristiques naturelles des différentes régions agricoles belges constituent également des éléments déterminants dans l'analyse que nous cherchons à mener.

Chapitre I : La surface agricole utile en Belgique (SAU) et son évolution

La superficie totale de la Belgique est de 30 528km^2, dont 56,9% de terres agricoles et 19,8% de biens forestiers (Peeters, 2010). La surface agricole utile (SAU) qui est **la surface agricole exploitée et déclarée par les agriculteurs** équivaut en 2009 à **1 365 330 ha** dont 443 573 ha de SAU exploitée en propriété, 906 839 ha exploitée en location ainsi qu'une infime partie de la SAU exploitée en métayage et autres modes de faire-valoir (14 918 ha) (DAEA, 2012).

La SAU en Wallonie représente en 2012, 43% (714 954 hectares) de l'espace régional (DAEA, 2014 & Lebailly, 2005). Il est à noter que cette SAU connaît une baisse constante, mais de faible intensité.

C'est ainsi que, selon l'agronome Joseph van der Stegen, la consommation en grande partie irréversible d'espace non urbanisé en Wallonie tourne autour des 2000 ha/an. - les autorités entendent d'ailleurs ramener ce chiffre à quelque 1200 ha/an.

21

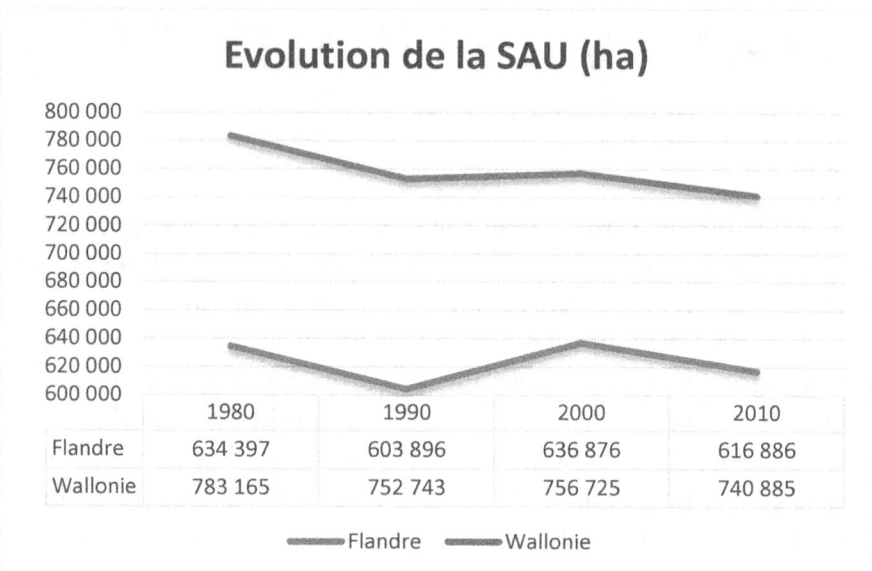

	1980	1990	2000	2010
Flandre	634 397	603 896	636 876	616 886
Wallonie	783 165	752 743	756 725	740 885

Source : Direction générale Statistique et Information économique (DGSIE) (2015)

Chapitre II : L'évolution du nombre d'exploitants

En 2013 le nombre d'exploitations en Belgique (37.761 exploitants) a reculé de 66.84% depuis 1980 (113.883 exploitants).

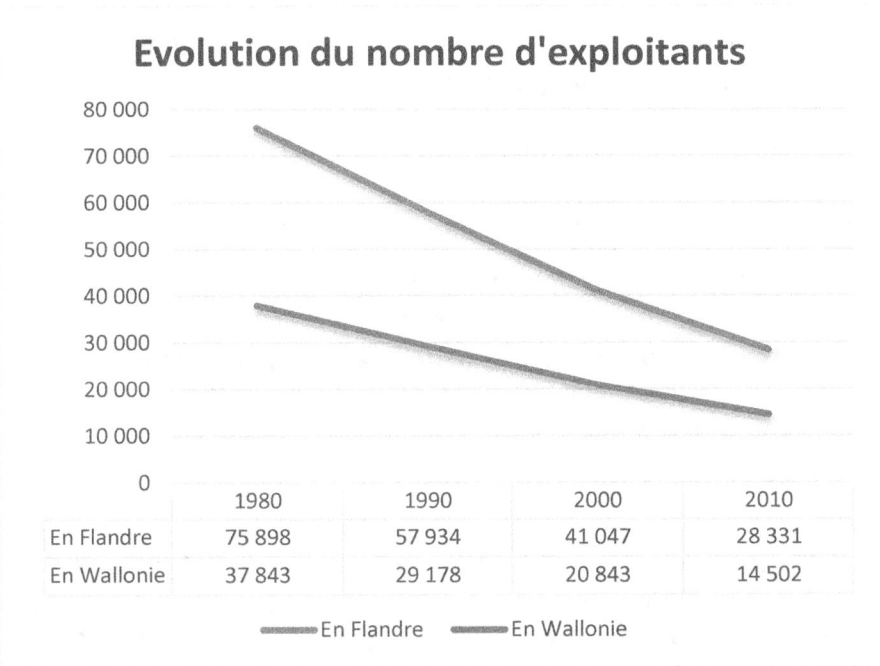

Evolution du nombre d'exploitants

	1980	1990	2000	2010
En Flandre	75 898	57 934	41 047	28 331
En Wallonie	37 843	29 178	20 843	14 502

En Flandre En Wallonie

Source : DGSIE (2015)

Chapitre III : L'évolution du nombre d'exploitants par rapport à la SAU

La graphique qui suit doit être lu en deux temps : d'abord l'évolution entre les années 1980 et 2010 calculée en décennie, ensuite l'évolution entre 2010 et 2013 calculée en années.

Le changement de la pente (beaucoup plus faible) de la courbe à partir de 2010 est donc normal et faussé par l'échelle différente. En effet, la diminution du nombre d'exploitations à partir de 2010 s'est poursuivie, comme nous pouvons le constater, dans des proportions encore plus importantes.

Entre 1980 et 2012[1], le nombre d'exploitation a diminué de 66.14%.

Une analyse plus détaillée montre qu'entre 1980 et 1990, le nombre d'exploitations en Belgique a diminué de 23.45%

Entre 1990 et 2000 le nombre d'exploitations a diminué de 28.97%

Entre 2000 et 2010 le nombre d'exploitations a diminué de 30.80%

Entre 2010 et 2020 le nombre d'exploitation devrait diminuer de 39.64%. (Nous avons calculé cette valeur à partir des valeurs enregistrée par la DGSIE de 2010 à 2013. Si la tendance reste constate entre 2013 et 2020, le nombre d'exploitations en Belgique diminuera de 39.64%) (Boikete, 2012).

La taille moyenne des exploitations est passée en Belgique de 12.5 hectares en 1980 à en moyenne 34.59 hectares en 2012. Cela représente une augmentation de 176.72% en 32 ans (DGSIE 2012).

En Wallonie, la taille moyenne des exploitations est passée de 20.8 hectares en 1980 à 53.56 hectares en 2012. Cela représente une augmentation de 157.5% en 32 ans.

Le nombre de travailleurs dans l'agriculture en Belgique est quant à lui passé de 410.000 travailleurs à 75.589 entre 1980 et 2012 (DAEA, 2014).

---

[1] Nous avons pris l'année 2012 pour pouvoir comparer le nombre d'exploitants avec le nombre de travailleurs.

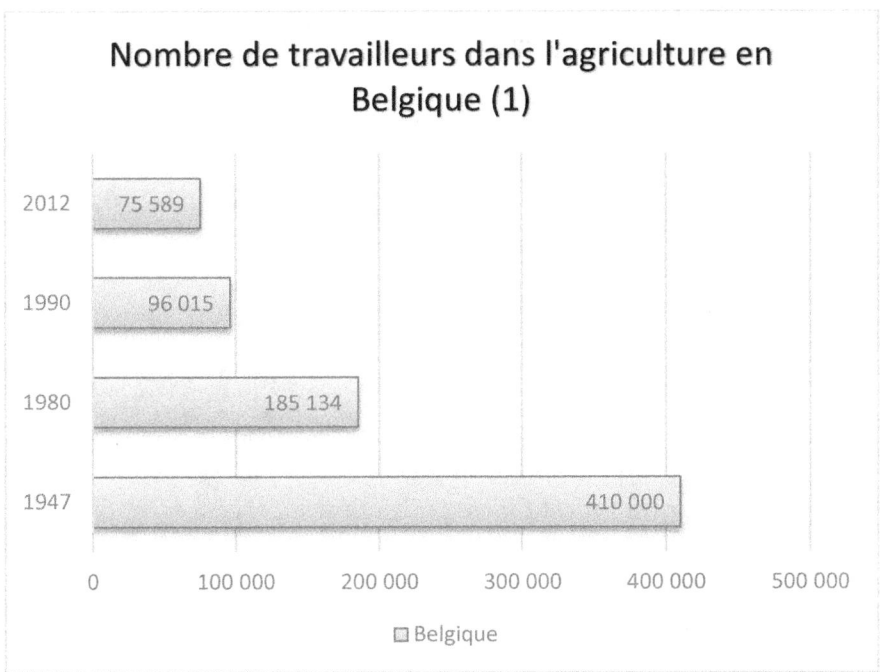

Source : DGSIE (2015)

Le nombre de travailleurs a aussi fortement diminué. Entre 1980 et 2012, le nombre de travailleurs a diminué de 59.17%%. Le nombre d'exploitations, on l'a vu, a aussi diminué pendant la même période de 66.14%.

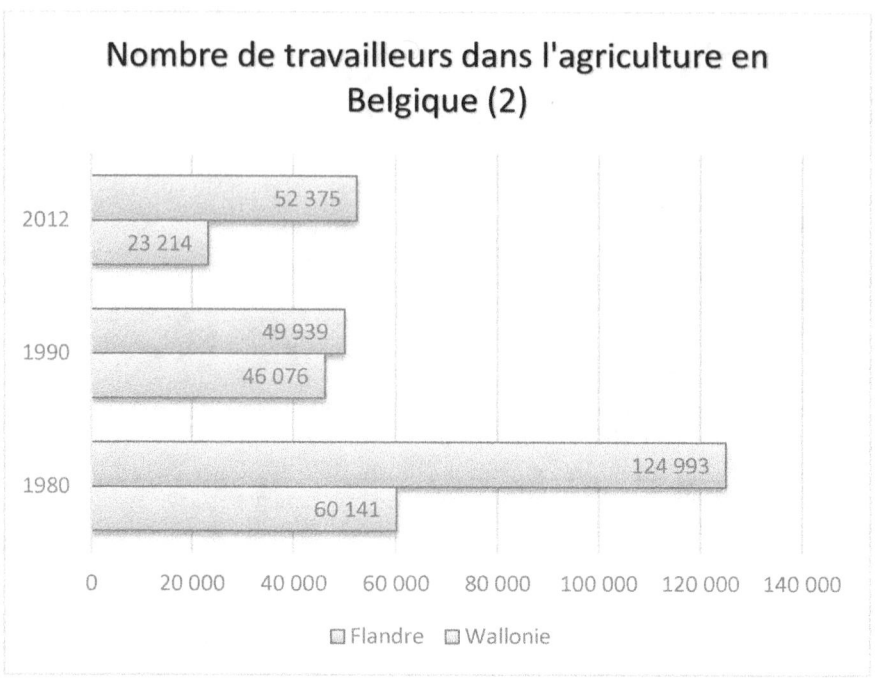

Source : DGSIE (2015)

Si la baisse du nombre des agriculteurs est particulièrement frappante, il ne faudrait pas en déduire que la part de la population vivant dans les régions agricoles a baissé dans les mêmes proportions. Il est vrai que jusqu'au XIXe siècle, la population d'un pays comme la Belgique vivait encore très majoritairement dans les zones rurales. La révolution industrielle a modifié la donne. Elle s'est accompagnée d'un exode rural considérable et du passage d'une économie dominée par le secteur primaire à une économie dominée par le secteur secondaire. Cette tendance lourde s'est poursuivie au XXe siècle (Peeters, 2010).

Cependant, au cours des dernières décennies, une tendance nouvelle est apparue : la périurbanisation (Anderson, 2008). Ce terme désigne un mouvement de la population citadine vers les campagnes proche des villes. Ce phénomène s'explique notamment par le développement des moyens de transport. Une proportion grandissante de la population européenne travaille en ville mais a préféré habiter dans une zone périurbaine où elle cohabite, de manière parfois difficile, avec la population demeurée agricole. Ce phénomène est considéré comme un des facteurs de la montée des prix des terres agricoles qui, nous le verrons, caractérise davantage les zones proches des villes. Cependant, le poids extrêmement important des agriculteurs parmi les acheteurs de terre dans les régions rurales fait que ce phénomène ne peut qu'avoir une incidence limitée sur ce niveau des prix (Anderson, 2008). Cette incidence varie également sur le plan géographique : les zones concernées par la périurbanisation se limitant par définition au pourtour des grandes agglomérations (Boikete, 2012).

Quoi qu'il en soit, le fait que la Belgique soit un pays densément peuplé constitue un élément dont il faut tenir compte dans l'analyse du fonctionnement de ce secteur. Il est donc utile de rappeler brièvement quelques données essentielles s'agissant de cette densité de la population.

Chapitre IV : Répartition et densité de la population en Belgique

Densité de la population en Belgique au 1er janvier

	1991		2001		2011		(hab. /km²) 2011
Belgique	9.986.975	100%	10.263.414	100%	10.951.266	100%	359
Bruxelles	960.324	9.6%	964.405	9.4%	1.119.088	10.2%	6751
Wallonie	3.258.797	32.6%	3.346.457	32.6%	3.525.540	32.2%	208
Flandre	5.767856	57.8%	5.952.552	58%	6.306.638	57.6%	462

Source : DGSIE (2013)

Avec sa superficie totale de 30 528km², la Belgique compte en 2014, 368 habitants par km². Ce chiffre représente par rapport à la France plus que 3 fois plus d'habitants au kilomètre carré (en 2013, en France 116 hab./km²). La Belgique est également plus densément peuplée que les autres pays européens, comme l'Allemagne (en 2014 : 226 hab./km²), à l'exception notable des Pays-Bas (en 2014, 407 hab./km²). Il existe évidemment des variations importantes entre les trois régions du pays. Le cas de Bruxelles, ville-région, est particulier, mais on notera que la densité de population est plus de deux fois supérieure en Flandre qu'en Wallonie. S'agissant de la Wallonie, elle reste plus densément peuplée que la plupart des pays de l'Union européenne, la moyenne pour l'UE étant de 113 habitants au kilomètre carré (Statistiques mondiales, 2015).

Chapitre V : Les régions naturelles agricoles en Belgique

Il est intéressant de décrire (en rassemblant les informations les plus pertinentes par rapport à notre étude) les 14 régions naturelles de la Belgique, sans cependant y consacrer une étude trop approfondie.

Les données chiffrées proviennent de la Direction générale Statistique et Information économique (DGSIE). Les données concernant la SAU et les données concernant la part de l'agriculture consacrée à la culture des céréales sont calculées sur une moyenne entre les années 2007 et 2010. Les données sur le montant des fermages par région naturelle agricole sont quant à elles calculées sur la moyenne de 2013. Un tableau récapitulatif sur le prix du fermage se trouve en annexe.

Une telle analyse permet en effet de souligner que ces régions ont toutes leurs particularités agronomiques, ce qui a des conséquences sur leur valorisation.

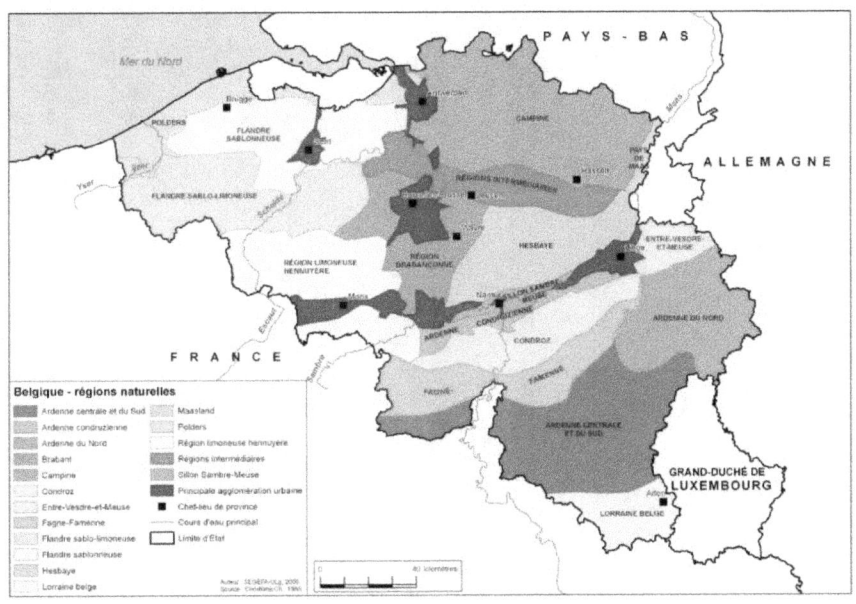

Source: Fédération Wallonie-Bruxelles (2010)

Condroz

- <u>Situation et quelques faits</u>: le Condroz se situe au nord de la Famenne et de l'Ardenne principalement dans la province de Namur (CHEVAU, 2007).
- <u>Caractéristique de la terre</u> : Très bonne terre et culture. Sous-sol sablonneux.
- <u>SAU</u> : 129.310 hectares
- <u>Montant du fermage en 2013</u>
  - pour les terres labourées: 220€/ha (DGSIE, 2015)
  - pour les prairies permanentes : 207€/ha
- <u>Pâturages</u> : 40% de la SAU pour l'élevage de bovins à viande.
- <u>Terres arables</u> : Elles représentent la majorité de la SAU. Cette prépondérance de la culture sur l'élevage s'explique par la qualité de la terre et donc par des considérations de rentabilité. Les cultures en question concernent avant tout des céréales (56.801 hectares sur une SAU de 129.310 ha), des betteraves sucrières ainsi que le colza pour son huile (Van Stappen et al., 2014).

Fagne, Famenne (& Région herbagère)

- Situation et quelques faits : La Famenne se situe au Nord de l'Ardenne et au Sud du Condroz principalement dans la province de Namur. La Fagne est parfois appelée région herbagère.
- Caractéristique de la terre : Qualité biologique et agronomique de la terre médiocre.
- SAU Fagne: 14.761 hectares
- SAU Famenne : 61.964 hectares
- SAU Herbagère liégeoise : 54.778 hectares
- Montant du fermage en 2013 en région herbagère (Fagne)
  - pour les terres labourées: 113€/ha
  - pour les prairies permanentes : 112€/ha
- Montant du fermage en 2013 en région herbagère (Liège)
  - pour les terres labourées: 231€/ha
  - pour les prairies permanentes : 230€/ha
- Montant du fermage en 2013 en Famenne
  - pour les terres labourées: 127€/ha
  - pour les prairies permanentes : 125€/ha
- Pâturages : 80% de la SAU (essentiellement de l'élevage de bovin pour la viande et le lait).
- Terres arables : 20% de la SAU (céréales). Cela représente 3.216 hectares en Fagne et 14.768 hectares en Famenne pour la culture des céréales (maïs fourrager compris).
- Sylviculture : Peu présente à cause des propriétés biologiques et agronomiques du sol, peu favorables.

Ardenne (& Haute Ardenne)

- Situation et quelques faits : L'Ardenne est la région la plus boisée de la Belgique. Une partie se trouve en France et au Luxembourg. Le relief y est plus marqué que dans les autres régions du pays.
- Caractéristique de la terre : Schisteux, friable (excellent pour l'enracinement des arbres)
- SAU Ardenne: 32.094 hectares
- SAU Haute Ardenne : 27.256 hectares
- Montant du fermage en 2013 en Ardenne
    - pour les terres labourées: 155€/ha
    - pour les prairies permanentes : 154€/ha
- Montant du fermage en 2013 en Haute Ardenne
    - pour les terres labourées: 184€/ha
    - pour les prairies permanentes : 174€/ha
- Pâturages : Environ 90% de la SAU (essentiellement de l'élevage de bovins pour la viande).
- Terres arables : Environ 10% de la SAU (céréale : l'épeautre et l'orge de printemps dominent l'agriculture) 11.410 hectares en Ardenne de surface en céréales et 1.264 hectares en haute Ardenne de surface en céréales. (Delcour, Van Stappen, Gheysens, Decruyenaere, Stilmant, Burny, Rabier, Louppe et Goffart, 2014)
- Sylviculture : Elle y est la plus présente en Belgique.

Région Jurassique
- <u>Situation et quelques faits</u> : La région jurassique se trouve dans l'extrême sud de la Belgique et est limitée au nord par le massif forestier ardennais. Elle recouvre autour d'Arlon et de Virton une superficie d'environ 910 kilomètre. Cette région accueille des cours d'eau : la Semois, la Ton et la Vire (BERGANS, BURNY Et LEBAILLY, 1988).
- <u>Caractéristique de la terre</u> : La SAU est constituée de terre argileuse et marneuse. (Ce qui n'est pas nécessairement le cas pour les zones forestières de la région jurassique).
- <u>SAU :</u> 32.094 hectares
- <u>Montant du fermage en 2013</u>
  - pour les terres labourées: 140€/ha
  - pour les prairies permanentes : 144€/ha
- <u>Pâturages</u> : 75% de la SAU pour l'élevage de bovins.
- <u>Terres arables</u> : Seulement 5.647 hectares pour la culture des céréales. (Delcour et al., 2014).
- <u>Sylviculture </u>: La forêt occupe une place importante dans la région jurassique.

Régions limoneuses, sablonneuses et sablo-limoneuses
- <u>Situation et quelques faits</u> : Ces régions sont proches de Bruxelles et d'autres villes (Liège, Namur...) et pour cette raison, sont souvent qualifiées de régions périurbaines (Anderson, 2008). Le Brabant Wallon est étonnamment la région qui consacre la plus grande partie de son territoire à l'agriculture avec une SAU répondant à 59% de son territoire (Le Brabant Wallon, 2015). Les terres sont soumises à de sévères réglementations pour respecter l'environnement. Les sols sableux sont en effet particulièrement vulnérables.
- <u>Caractéristique de la terre</u> : Région de l'agriculture par excellence. Très bonne terre pour la culture grâce notamment à sa bonne capacité de rétention d'eau qui est

due à son sous-sol sableux ou/et chargé en limon (d'où leurs appellations respectives).

- SAU région limoneuse : 266.202 hectares
- SAU région sablo-limoneuse : 46.158 hectares
- Montant du fermage en 2013 en région limoneuse (Hesbaye...)
  - pour les terres labourées : 269€/ha
  - pour les prairies permanentes : 255€/ha
- Montant du fermage en 2013 en région sablonneuse
  - pour les terres labourées : 306€/ha
  - pour les prairies permanentes : 294€/ha
- Montant du fermage en 2013 en région sablo-limoneuse
  - pour les terres labourées : 294€/ha
  - pour les prairies permanentes : 282€/ha
- Pâturages : Peu importants, en raison de la qualité de la terre qui assure une rentabilité plus importante à la culture. Il faut noter cependant que pour la région sablo-limoneuse, l'élevage de bovins laitiers (et viandeux dans une moindre mesure) occupe une place plus importante. (Alice Delcour et al., 2014)
- Terres arables : La plus grande partie de la SAU y est consacrée. 21.691 hectares en région sablo-limoneuse et 127.336 ha en région limoneuse pour les céréales et maïs fourrager compris. (Alice Delcour et al., 2014) En plus des céréales, on y trouve des cultures de pommes de terre et aussi des cultures de betteraves sucrières. (Van Stappen et al., 2014)
- Vergers : La qualité de la terre permet de cultiver des fruits et légumes qui peuvent donner des rendements largement supérieurs aux autres cultures plus traditionnelles comme les céréales.

Campine

- Situation et quelques faits : Dans le Nord-Est de la Flandre, la Campine se trouve en partie dans les provinces d'Anvers et du Limbourg. La Belgique partage la Campine avec les Pays-Bas.
- Caractéristique de la terre : Terre fortement sablonneuse.
- SAU : 1.337 hectares
- Montant du fermage en 2013
  - pour les terres labourées: 288€/ha
  - pour les prairies permanentes : 241€/ha
- Pâturages : Prédominance d'élevage de bovins laitiers.
- Terres arables : En Campine, les terres arables n'occupent qu'une place très marginale à cause de la faible qualité de la terre pour la culture (532 hectares pour les céréales et maïs fourrager compris). (Delcour et al., 2014)

Dunes et Polders

- Situation et quelques faits : Les dunes sont situées en bordure de la mer du Nord. Viennent ensuite les Polders.
- Caractéristiques de la terre : Les caractéristiques spécifiques des dunes ne permettent pas d'y développer l'agriculture. En revanche, on peut trouver des terres de culture dans les Polders. La terre y est très fertile (mais aussi argileuse ce qui peut la rendre difficile à travailler).
- Montant du fermage en 2013 pour les Polders
  - pour les terres labourées: 339€/ha
  - pour les prairies permanentes : 325€/ha
- Pâturages : relativement peu importants.
- Terres arables : Céréales et betteraves sucrières. (Delcour et al. 2014).

Conclusion

Une première conclusion par rapport au prix du fermage et à la qualité de la terre pourrait déjà être tirée. Le prix des terres, comme nous le verrons tout au long de ce mémoire, dépend de la qualité de la terre mais aussi et surtout d'une multitude de facteurs très différents des uns des autres. En revanche, le prix moyen du fermage en 2013 que nous avons indiqué pour chaque région naturelle reflète davantage la qualité de la terre.

Ainsi nous remarquons que le prix du fermage est plus bas dans les régions où les terres sont les plus pauvres. Dans l'ordre croissant, les 5 régions où le prix du fermage est le plus faible sont les régions herbagères en Fagne, la Famenne, la Région jurassique, l'Ardenne et la Haute Ardenne (Delcour et al. 2014).

Dans une même logique, les prix du fermage sont les plus élevés dans les régions où les terres sont les plus riches. Dans l'ordre décroissant, les 7 régions où le prix du fermage est le plus élevé sont les régions des Polders, puis les régions sablonneuses, sablo-limoneuses, la Campine, la région limoneuse, la région herbagère et le Condroz.

PARTIE III : PROBLEMATIQUE
« LA PERTINENCE D'UN INVESTISSEMENT DANS LES TERRES FONCIÈRES AGRICOLES EN BELGIQUE »

L'hypothèse que nous allons formuler dans ce travail va à l'encontre des affirmations que l'on a pu retrouver récemment dans un certain nombre de médias sur le caractère hautement rentable d'un investissement dans les terres agricoles dans notre pays. Nous avons déjà évoqué plus haut ce qu'il en était réellement, selon les institutions internationales, de l'impact de l'augmentation de la population. Dans la suite de notre travail, nous mettrons en évidence d'autres facteurs qui contribuent à relativiser de manière plus ou moins importante l'intérêt que peut représenter un investissement foncier agricole, en particulier pour l'investisseur qui n'est pas lui-même un agriculteur. Nous faisons dès lors l'hypothèse que...

HYPOTHÈSE : « L'investissement foncier agricole en Belgique ne constitue pas, dans les conditions économiques et financières actuelles, une alternative véritablement sérieuse de placement pour l'investisseur non agriculteur ».

Dispositif méthodologique

Pour être en mesure de vérifier cette hypothèse (l'intérêt représenté par un investissement dans les terres agricoles)

- nous allons dans un premier temps chercher à préciser l'ampleur que représentent les possibilités d'investissement.

- Nous serons ensuite amenés à examiner les différents types d'investisseurs et les différents types de biens fonciers qui s'offrent à eux.

Pour mener à bien notre analyse, nous aurons recours à une série d'indicateurs :

- 1er indicateur : le calcul et l'étude du rendement des terres agricoles. Nous utiliserons une méthode de calcul financier dérivée de la méthode de la « valeur actuelle ».
- 2ème indicateur : l'évolution des prix des terres agricoles en Belgique en nous basant sur des entretiens, des statistiques et des calculs financiers.
- 3ème indicateur : étude comparative de la situation d'autres pays, grâce à la littérature sur le sujet et aux entretiens que nous avons eu l'occasion d'avoir avec un certain nombre d'acteurs et de spécialistes du secteur.

Nous évoquerons ensuite plus longuement un certain nombre de déterminants essentiels de la valeur des terres agricoles et de l'évolution de cette valeur :

- 4ème indicateur : la politique agricole commune (PAC), sachant qu'elle constitue un élément essentiel dans la formation du revenu des agriculteurs mais aussi dans l'orientation même de leurs activités et leurs perspectives de développement : dès lors, les inflexions actuelles et futures de cette politique ont inévitablement un impact sur la pertinence d'un investissement dans le secteur.
- 5ème indicateur : l'évolution récente du marché notamment des céréales, qui permet de mettre en évidence la dimension internationale de l'activité agricole, dont l'investisseur se doit de tenir compte.
- 6ème indicateur : les aspects du contexte financier susceptibles de faire de l'investissement foncier agricole une

alternative attractive de placement : le contexte particulier que l'on connaît aujourd'hui explique le regain d'intérêt pour les placements fonciers agricoles, mais il convient de vérifier le bien-fondé de ce relatif engouement et donc de préciser la pertinence d'un tel investissement.

- 7ème indicateur : la rareté relative du terrain : notre analyse mettra en lumière un certain nombre de facteurs qui contribuent à une rareté relative des terrains agricoles, ce qui soutient une dynamique de hausse des prix, élément essentiel dans la perspective d'un investissement.

- 8ème indicateur : la présence d'un successeur pour les exploitations agricoles. Notre analyse montrera que cet élément semble avoir été largement ignoré par les tenants d'un scénario de poursuite inévitable de la hausse des prix des terres agricoles, alors qu'il plaide au contraire pour une plus grande prudence en la matière.

Ces indicateurs seront étudiés et analysés sur la base non seulement d'un certain nombre de lectures théoriques, mais aussi d'entretiens avec différents acteurs du monde agricole : un éleveur, un responsable d'une entreprise d'intrants (engrais et pesticides), un agronome, plusieurs propriétaires terriens, le dirigeant d'une société immobilière foncière, plusieurs agriculteurs en Belgique (Flandre et Wallonie), mais aussi en France. Cette approche qualitative vient ainsi compléter l'approche quantitative axée sur l'analyse d'un certain nombre de données statistiques et d'études théoriques.

L'étude et l'analyse de ces indicateurs nous permettra de répondre à notre hypothèse et dresser une conclusion sur notre recherche.

Remarques liminaires

Avant d'aller plus loin dans notre démarche d'analyse, il convient de formuler quelques remarques liminaires qui permettront de mieux baliser le champ de nos investigations.

A) L'ampleur des possibilités d'investissements

Il existe différentes catégories d'investisseurs. Cette vérité d'évidence s'applique tout naturellement aussi à notre problématique de l'investissement agricole. Comme nous allons le voir, le secteur est caractérisé précisément par le rôle essentiel qu'y jouent les agriculteurs eux-mêmes. Notre analyse s'efforcera toutefois d'examiner la pertinence d'un investissement foncier agricole pour l'investisseur qui n'est pas un agriculteur.

On peut se poser la question suivante : « **l'investissement dans un bien foncier agricole constitue-t-il un marché très spécifique où seuls les agriculteurs peuvent avoir de bonnes raisons d'investir ? Ou bien ce secteur est-il assez important et assez attractif pour que d'autres (institutions bancaires...) puissent s'y intéresser ?** »

Pour répondre à cette question, il nous a semblé intéressant de calculer le nombre de terrains à vendre par année, multiplié par leur prix de vente. Malheureusement, comme nous l'avons déjà signalé, la législation mise en place il y a une dizaine d'années a eu pour effet, au nom du respect de la vie privée, que les statistiques actuelles n'étudient plus ces paramètres depuis 2007. Il s'avère également impossible de retrouver les anciennes statistique de la DGSIE sur le site de cette institution. Nous avons alors pris contact avec ces services. Les dernières données que la DGSIE a pu nous transmettre datent de 2004. Pour 2004, elles sont les suivantes:

Type	Nombre de transactions en 2004	Prix total en 2004
Terre de culture	11 847	**211 095 601€**
Prairies	4 729	67 031 798€
Terres de culture et prairies	788	16 031 359€
Terres agricoles mixte	126	3 272 099€
Verger	254	4 322 831€
Horticoles	1 307	24 599 519€
Totaux	17 744	301 753 688€

Source : DGSIE (2006)

En conclusion, en 2004, les investisseurs et les agriculteurs ont investi dans les terres à hauteur de 301,75 millions d'€ par an. Ce chiffre apparaît dès lors très peu élevé par rapport aux sommes investies par de gros investisseurs du type fonds de pension. Tout porte donc à croire que ces investisseurs importants soit sont totalement absents de ce marché, soit n'y consacrent qu'une part infime de leurs placements.

Cependant, ces chiffres datent, rappelons-le, de 2004 et ils sont sans doute aujourd'hui largement sous-évalués pour trois raisons :

1. D'une part, il faudrait pour bien faire les calculer en euros constants, c'est-à-dire sans tenir compte de l'inflation.

2. Un autre élément dont il faut tenir en compte et qui fausse les chiffres est la partie des transactions qui se fait en noir et qui ne fait pas l'objet d'enregistrement.

3. Et d'autre part, malgré l'absence de statistiques officielles à ce sujet, selon les acteurs du secteur que j'ai eu l'occasion de rencontrer et d'interroger, les prix d'aujourd'hui sont bien plus importants.

Cependant, même si l'on peut admettre raisonnablement que le niveau des prix des ventes réalisées au cours de ces dernières années a connu une augmentation très sensible par rapport à l'année de référence à savoir 2004, cette hausse des prix n'est pas d'un ordre de grandeur susceptible de corriger véritablement notre première analyse. Autrement dit, les montants en jeu restent très faibles par rapport aux sommes qui s'investissent chaque jour à travers le monde, et même dans notre pays, dans le cadre d'autres types de placements immobiliers ou mobiliers.

Il faudrait également connaître l'ampleur en termes de superficie, des transactions en question : la hausse des prix a-t-elle eu pour effet de raréfier les transactions ?

L'ancienneté des données relativise bien évidemment leur pertinence pour une analyse du marché actuel, même si les chiffres issus des statistiques de la DGSIE constituent un élément intéressant car ils nous donnent un ordre de valeur et contribuent donc à pouvoir répondre aux questions soulevées dans notre recherche.

B) Différents types d'investisseur

L'investissement agricole peut revêtir des formes diverses et obéir à des logiques différentes (entretien Bertrand de Cumont, 2015). Il n'existe pas qu'un seul type d'investisseur qui s'intéresse au secteur agricole. Il convient donc, dans un premier temps, de présenter ces différents types d'investisseurs et, dès lors, de préciser les différentes catégories de biens présents sur le marché et qui sont susceptibles d'attirer ces différentes catégories d'investisseurs.

A l'image de ce que l'on peut observer dans le domaine de l'investissement en bourse, ou dans l'investissement immobilier, les mobiles qui guident les investisseurs attirés par l'investissement foncier et les logiques que ces investisseurs vont développer dans leur approche peuvent s'articuler de différentes manières.

Le premier aspect à considérer est l'horizon temporel. Un investissement en bourse, même s'il s'effectue dans une perspective de long terme, permet généralement une vente rapide, voire quasiment instantanée, des positions prises. À l'inverse, l'investissement immobilier n'offre pas cette liquidité. Le cas de l'investissement agricole est encore plus spécifique puisque, dans le cas du bail à ferme (cfr supra p.88), le preneur est protégé pour une durée bien plus longue que dans le secteur immobilier résidentiel ou de bureaux. Il s'agit là d'une caractéristique essentielle de l'investissement foncier sur laquelle nous aurons encore l'occasion de revenir. Il a pour conséquence que l'investisseur qui axe toute sa politique d'investissement sur le court terme sera généralement très peu enclin à se tourner vers le secteur agricole. Dès lors, les phénomènes de spéculation, sans être totalement exclus, se rencontreront beaucoup plus rarement que dans d'autres secteurs en raison même du très faible niveau de liquidité des investissements concernés.

Il convient toutefois de noter que l'affectation du sol et les mutations que peut connaître cette affectation constituent une source potentielle de spéculation. En effet, compte tenu de la différence de prix souvent très importante qui existe entre le mètre carré de terre agricole et le mètre carré d'un terrain défini comme constructible (zone « rouge »), il se peut qu'un certain nombre d'investisseurs fassent l'acquisition de terrains agricoles dans la perspective de voir ces terrains changer d'affectation dans un délai qu'ils souhaitent le plus court possible, pour devenir des terrains constructibles, et voir ainsi leur valeur augmenter considérablement. A cet égard, il semble que les politiques pratiquées par les deux principales régions du pays en la matière présentent des différences : autrement dit, le passage en zone constructible semble plus difficile à obtenir en Flandre qu'en Wallonie. Ce phénomène, qui a d'ailleurs poussé un certain nombre de Flamands à acheter des terres en Wallonie pour y faire construire, peut générer une forme de spéculation qu'il est évidemment difficile de quantifier précisément.

L'investissement foncier présente une autre caractéristique particulière : l'acquisition de terres agricoles peut aller de pair avec la volonté d'exploiter soi-même les terres en question. De ce point de vue, ce type d'investissement s'inscrit dans une démarche tout à fait différente de celle qui guide l'investisseur en bourse, ou même, en règle générale, l'investisseur immobilier qui investit une partie de son capital dans une série d'appartements, ou de garages, ou de logements pour étudiants.

On peut supposer d'ailleurs que, même si l'investisseur ne compte pas exploiter lui-même les biens agricoles dont il fait l'acquisition, mais qu'il préfère créer une société qui les exploitera à sa place ou demander à une société tierce partie d'exploiter ses terres agricoles, ou encore les confier à des fermiers qui exploiteront la terre dans le cadre d'un bail à ferme, un investissement de ce type peut s'expliquer par un goût personnel pour la vie à la campagne, une forme d'adhésion affective à ce type de bien que l'on ne retrouvera pas (du moins peut-on le supposer) dans l'investissement mobilier.

Nous nous trouvons donc confrontés à des investisseurs pouvant présenter des profils particulièrement différents. Quoi de commun entre un investisseur qui ne voit dans l'acquisition d'un terrain que l'opportunité de réaliser une plus-value si ce terrain change d'affectation, d'une part, et l'investisseur qui fait l'acquisition d'un terrain agricole dans le but d'y mener lui-même une activité d'exploitation, parce qu'il est attiré par le mode de vie très particulier que reste le mode de vie de l'agriculteur ?

Par ailleurs, il ne faut pas perdre de vue le fait qu'une très grande partie des transactions foncières sont réalisées par des agriculteurs soucieux d'acquérir des terres voisines de celles qu'ils exploitent déjà. Dans ce cas, on peut difficilement considérer qu'il s'agit d'un investissement pouvant constituer une alternative à d'autres types d'investissement de capitaux : la bourse, l'or, l'immobilier sous ses différentes formes, etc.

La question est alors de savoir quelle est la part que représentent les transactions de ce type dans l'ensemble des transactions portant sur des terrains agricoles dans un pays comme la Belgique. Selon l'agent immobilier Lionel le Hardÿ, 80% des achats de terres agricoles sont réalisés par les agriculteurs voisins (entretien le Hardÿ, 2015).

Notre travail entend en effet se focaliser sur la question de l'investissement foncier et, par conséquent, ne porte pas sur ces transactions que nous qualifierons « de voisinage » dont les motivations n'ont rien à voir avec celles d'un investisseur tel que nous entendons ici.

Cependant, il va de soi que la présence de ces acheteurs « de voisinage » exerce un impact sur l'offre et la demande de terrains agricoles et donc bien évidemment sur le prix. Selon le même expert, ce sont précisément ces achats d'agriculteur à agriculteur qui sont le principal facteur de la bonne tenue des prix du foncier agricole. Les agriculteurs qui disposaient de liquidités semblent, d'après lui, toujours privilégier l'extension de leur domaine d'exploitation par l'achat de nouveaux biens fonciers, plutôt que d'opter pour d'autres formes de placement. Cet élément doit bien entendu être mis en corrélation avec les données que nous avons déjà citées concernant l'évolution de la taille moyenne des exploitations et qui vont dans le sens d'une concentration toujours plus importante, au détriment des « petits » exploitants. La hausse des prix s'accompagne d'une éviction des plus petits acteurs et d'une concentration toujours plus grande aux mains des plus grosses exploitations (même si, pour certains secteurs «de niche», notamment en matière d'agriculture biologique, le petit exploitant se défend mieux, notamment s'il peut bénéficier de différents dispositifs régionaux ou européens mis en place pour favoriser le type d'agriculture qu'il pratique).

C) Différents biens fonciers/différents prix :

Le prix des terres agricoles représente de toute évidence un premier élément essentiel dont il faut tenir compte dans un processus d'investissement dans ce secteur. Mais il faut d'entrée de jeu souligner le fait que la problématique du prix des terrains agricoles est devenue de nos jours particulièrement difficile à appréhender.

Tout d'abord, comme nous avons déjà pu le constater dans notre présentation sur les différentes régions naturelles de Belgique (cfr supra p.23-30), la valorisation des terres varie fortement en fonction de son contenu et de ses qualités intrinsèques. La distinction est d'autant plus importante que la DGSIE et l'Europe séparent systématiquement leurs études statistiques en la matière en fonction du type de terre.

a) Terres de culture

Les terres de cultures sont les terres que l'agriculteur va cultiver en tenant compte de la qualité de la terre, de l'équipement qu'il possède, et de la demande; cette demande peut porter aussi bien sur des céréales (essentiellement de l'épeautre, de l'orge, du froment, du maïs grain et du maïs fourrager), que sur des betteraves sucrières, des pommes de terre ou encore des plantes oléagineuses comme le colza. Les terres de culture comprennent aussi les prairies temporaires.

Les céréales représentent 61% des terres arables wallonnes (FAO, 2010). En respectant une moyenne entre 2007 et 2010, près de 50 % de la superficie sous labour est couverte par des céréales à grains, soit 192 037 ha (DGSIE, 2011).

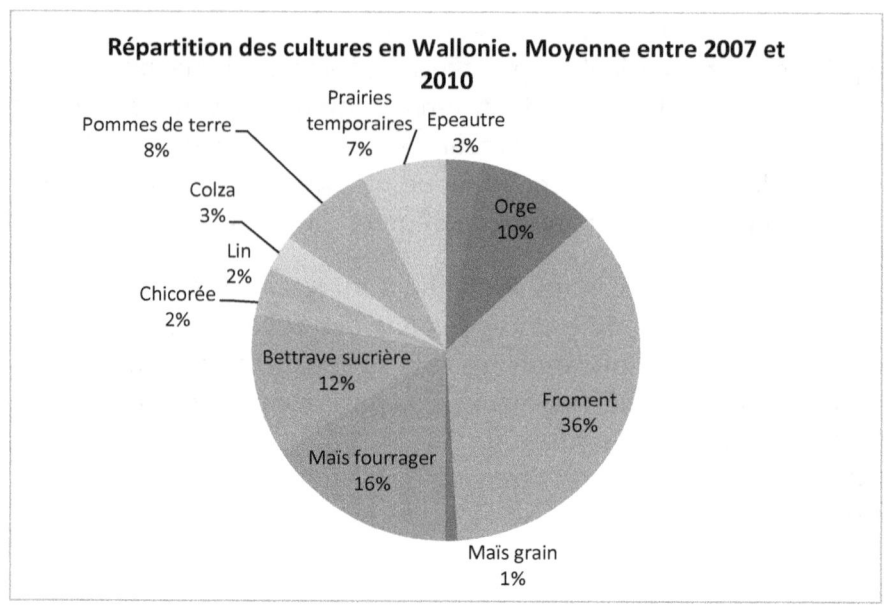

Répartition des cultures en Wallonie. Moyenne entre 2007 et 2010

- Prairies temporaires 7%
- Pommes de terre 8%
- Epeautre 3%
- Colza 3%
- Orge 10%
- Lin 2%
- Chicorée 2%
- Bettrave sucrière 12%
- Froment 36%
- Maïs fourrager 16%
- Maïs grain 1%

Source: DGSIE (2011)

Ce graphique nous montre clairement l'importance de la place du froment dans l'agriculture belge. On le nomme parfois le blé tendre, le blé ordinaire ou encore le blé barbu de printemps. On s'en sert entre autre pour faire de la farine, pour nourrir le bétail et même pour produire de la bière blanche.

b) Pâturage/terre d'élevage

Les prairies sont des terres utilisées pour accueillir et nourrir le bétail (en Wallonie, il s'agit le plus souvent de bovins).

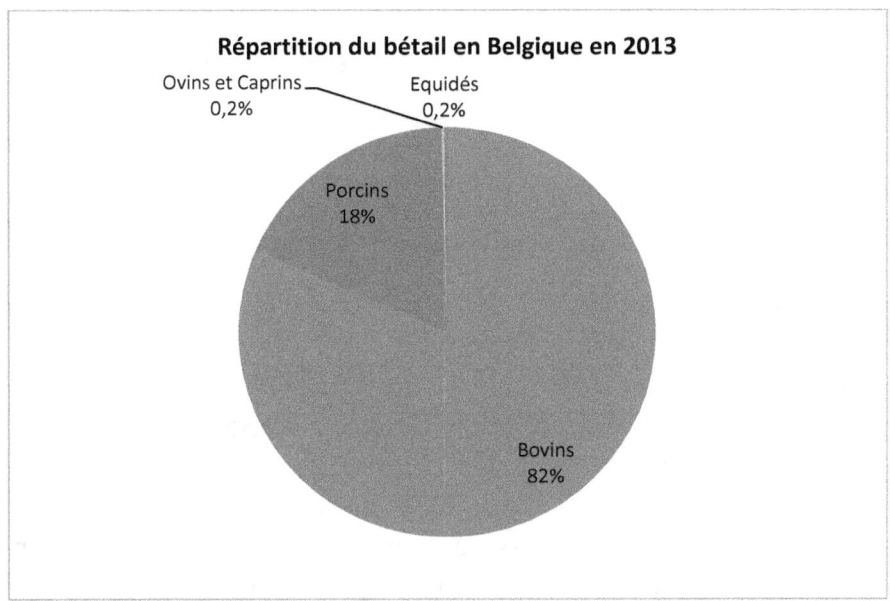

Répartition du bétail en Belgique en 2013

Ovins et Caprins 0,2%

Equidés 0,2%

Porcins 18%

Bovins 82%

Source: DGSIE (2011)

La qualité des terres en question est généralement inférieure à la qualité des terres de culture. Comme nous l'avons vu dans notre présentation des différentes régions agricoles belges, c'est la qualité de la terre qui constitue l'élément déterminant du poids relatif de l'élevage et de la culture dans l'activité agricole de la région concernée.

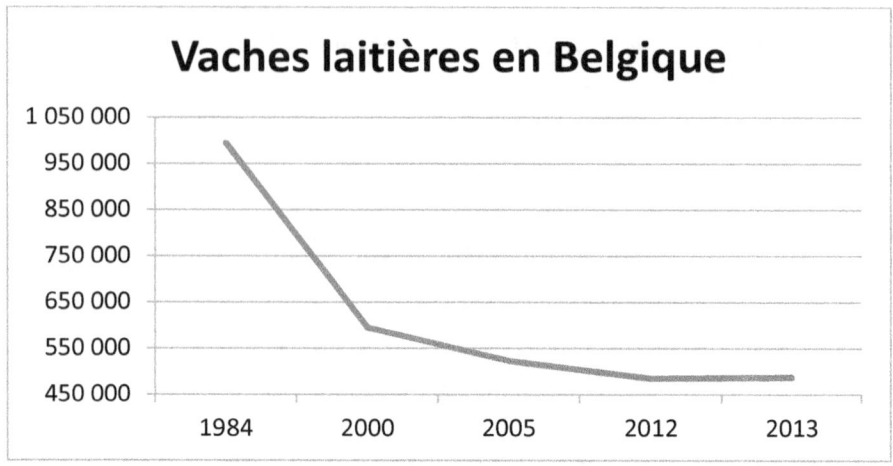

Source : DGSIE (2015)

La nette diminution du nombre de vaches laitières peut être mise en relation avec l'évolution de la politique agricole commune (PAC) sur laquelle nous reviendrons plus loin (cfr infra p.72).

c) Terres horticoles (à l'exception des vergers)

L'horticulture désigne la culture des fruits, légumes, champignons, fleurs... Elle englobe également les pépinières. Les terres horticoles connaissent des variations de prix très importantes et beaucoup plus importantes que les terres arables.

En guise d'exemple, en 1999, le prix moyen du m^2 de terrain horticole est en Wallonie de l'ordre de 6.8€/m^2 en euro courant (il s'agissait là d'un record historique), puis 2.2€/m^2 en 2002 pour revenir en 2003 à 5.8€/m^2. En Flandre, le prix moyen en 2003 a frôlé les 12€/m^2 (une montée progressive en Flandre qui date de 1993 où le prix était à 2.6€/m^2).

L'amplitude de ces fluctuations, bien supérieures à celles que l'on peut trouver dans les autres secteurs agricoles, s'explique en partie par le fait que, en particulier par rapport à l'élevage, les cultures fruitières sont davantage soumises aux caprices de la météo. Malgré tout, les terres horticoles affichent de manière générale des prix bien plus élevés que les terrains consacrés à la culture de céréales.

Cependant les terres horticoles sont relativement rares en Belgique et davantage encore en Wallonie. Par conséquent, elles ne nous retiendront pas davantage dans le cadre de ce mémoire car leurs ventes sont très marginales (DGSIE, 2006) : à titre d'exemple selon les statistique de la DGSIE ; en 2004, environ 6.000 hectares de terre de culture sont vendus en Wallonie (idem pour la Flandre) alors qu'à peine quelque dizaine d'hectares (voir moins) sont vendus en Belgique chaque année pour les terres horticoles ou les vergers.

d) Vergers

Les vergers sont caractérisés par les plantations d'arbres fruitiers. Le cas des vergers est très proche de celui des terres horticoles. Les ventes sont très peu nombreuses par rapport aux ventes de terrains agricoles destinés par exemple aux cultures céréalières ou à l'élevage.

Il s'agit d'un marché risqué. En effet, le marché de l'offre et de la demande fluctue fortement chaque année. C'est un marché bien plus tributaire des aléas climatiques (gel, grêle, sècheresse…) que la culture de céréales, par exemple, mais également des autres branches de l'horticulture. Les vergers demandent beaucoup d'investissements humains et financiers.

On pense ici notamment au coût important de l'achat d'arbres et du système d'irrigation. Les coûts de main-d'œuvre sont également bien plus élevés: la cueillette se fait encore en bonne partie à la main.

Par conséquent, même si le prix du terrain est comparativement plus élevé que dans les autres secteurs de l'agriculture, ce prix ne constitue qu'un facteur secondaire par rapport aux autres coûts auxquels sont confrontés les exploitants des vergers, notamment (entretien avec Lionel le Hardÿ).

e) Terre forestière – Sylviculture

Ce sont les espaces boisés. Le prix dépend fortement du volume et du type de bois concerné. En Belgique, les forêts représentent 700 000 hectares, ce qui correspond à 22% du territoire national belge. Ces forêts se situent à raison de 78% en Wallonie, de 21% en Flandre et enfin de 1% à Bruxelles (grâce surtout à la forêt de Soignes). 42% de ces terres appartiennent au domaine public et 58% au domaine privé.

Ce secteur présente d'importantes spécificités. Par exemple, depuis 2008, en région wallonne, il n'y a plus de droits de succession à payer sur le peuplement forestier, les droits ne portant que sur la surface (fonds forestier). Ce régime spécifique représente bien évidemment un élément dont l'investisseur se doit de tenir compte.

Bien que la question d'investir dans les terres forestières mérite d'être étudiée, elle ne sera pas étudiée dans ce mémoire.

En effet, cet investissement présente un certain nombre de caractéristiques qui le différencient fortement de l'investissement foncier habituel.

- Les investissements forestiers sont régis par une législation différente.
- Le système d'aide de l'Union européenne dans le cas de la politique agricole commune ne s'applique pas au secteur forestier.
- Le rendement de la propriété présente également des aspects spécifiques : de nombreuses années peuvent s'écouler sans que le propriétaire ne puisse obtenir un quelconque rendement de la coupe de ses arbres qui, par définition, n'intervient qu'à des intervalles plus ou moins longs.
- Le secteur est également sensible à des aléas climatiques spécifiques tels que les tempêtes. C'est ainsi que la tempête de 1999 qui a abattu un nombre très important d'arbres dans

un certain nombre de pays d'Europe occidentale, en particulier en France (le chiffre de 140 millions de mètres cubes de bois abattu a été avancé), a dès lors entraîné une suroffre de bois sur le marché, provoquant du même coup une baisse considérable du revenu des exploitants forestiers. Comme il faut des années pour reconstituer la richesse forestière détruite, la rentabilité économique des exploitations touchées a été fortement perturbée, voire anéantie.

Compte tenu de ces différentes spécificités, nous avons préféré ne pas aborder dans le présent travail la question de l'investissement dans une propriété forestière.

f) Terres de plaisance

Quand il s'agit de la chasse, ces terres de plaisance sont souvent liées aux terres forestières et aux terres de culture et prairie. Dans une sylviculture (forêt), une prairie ou un champ, des chasses sont organisées.

Il existe également des terrains de golf, de jeux récréatifs comme le paintball... La valorisation de ces terrains varie très fortement en fonction entre autres des installations et situation géographique. Ce type de biens fonciers ne sera pas examiné plus avant dans ce mémoire.

CHAPITRE I : TENTATIVE DE JUSTIFICATION DU PRIX DES TERRES AGRICOLES PAR LA VALEUR ACTUELLE DES REVENUS :

Nous allons émettre l'hypothèse que c'est le revenu que génère la terre agricole qui donne sa valeur.

Pour calculer la valeur d'un placement, la méthode la plus classique en finance est le calcul par la valeur actuelle. Par ce biais, nous calculerons le rendement grâce au revenu moyen des terres agricoles en ajoutant l'aide financière de la PAC (Politique agricole commune) (cfr infra p.72). Nous devrons dès lors également nous efforcer de déterminer un certain nombre de coûts : machines, main-d'œuvre, intrants (engrais, pesticides...), etc.

Pour ce faire, nous allons procéder à une étude de cas : celui d'un hectare de blé tendre en Belgique.

1) **Chiffre d'affaires d'un hectare de blé sans l'aide de la PAC =**
   1.900€/ha

Si un agriculteur produit 10 tonnes[2] de blé tendre par hectare cultivé, et qu'il décide de vendre son stock le 5 janvier 2015, il pourra (vu le cours international du blé à cette date) vendre son blé à 190€ la tonne. Dans ce cas précis, cela lui fera un rendement de 190€*10 tonnes = **1.900€/ha.** La mention de la date est indispensable dans un tel calcul car le prix du blé est déterminé au niveau international et connaît des variations quotidiennes (cfr infra p.80).

2) **Revenu de la PAC et aides régionales = 320€/ha**

Les subsides totaux en Wallonie (c'est-à-dire la PAC plus les subsides régionaux) représentent en 2009 en moyenne 560€/ha (DGSI, 2010) toutes cultures confondues. Nous retiendrons dans notre calcul une valeur donnée par Lionel le Hardÿ qui correspond mieux à la réalité de la PAC et des subsides régionaux de 2015 en Hesbaye : **320€/ha.**

3) **Coût (main d'œuvre (EuroStat, 2014), machine, intrants...) =**
   1.250€/ha

Selon Lionel le Hardÿ qui est souvent amené à faire des études de faisabilité et de rentabilité financière pour orienter ses clients, l'ensemble des coûts (tous les coûts confondus : main-d'œuvre pour le labour, la récolte... (EuroStat, 2014), utilisation d'engrais, de pesticides), pour produire une tonne de blé tendre se monte à l'heure actuelle à environ 850€/ha. A ce chiffre il faut ajouter le coût de la terre (c'est-à-dire le coût du bail à ferme plus le coût du pas-

---

[2] 10 tonnes de production de blé correspond à une année normale pour une terre située en Hesbaye. Son rendement dépend évidemment de l'année, selon que la récolte a été bonne ou mauvaise.

de-porte) qui est évalué toujours par Lionel le Hardÿ à 400€/ha. On arrive à une montant total de 850€/ha + 400€/ha = **1.250€/ha.**

4) Bénéfice = 1.900€+320€-1.250€ = 970€

La valeur actuelle (VA) pour ce type de terre avec ce type de rendement vaut aujourd'hui en moyenne en Hesbaye selon Lionel le Hardÿ = 50.000€/ha

5) taux d'intérêt noté « r » (que rapporte une terre ?) = 1.94% si on garde la terre infiniment.

La valeur actuelle de 50 000 € devrait égaler la somme des revenus futurs actualisés:

$$50.000€ = \frac{970}{(1+r)} + \frac{970}{(1+r)^2} + \frac{970}{(1+r)^3} + \frac{970}{(1+r)^4} + \dots + \frac{970}{(1+r)^\infty}$$

Si on pose x = $\frac{1}{1+r}$, alors l'équation se présente :

$$\frac{50.000}{970} = x + x^2 + x^3 + x^4 + x^4 + \dots + x^\infty$$

Ce qui revient à dire

$$\frac{50.000}{970} + 1 = \frac{1-x^\infty}{1-x} = \frac{1}{1-x} \text{ puisque x < 1}$$

Résultat : le rendement r est de 1.94% pour le propriétaire agriculteur exploitant ses terres.

Ce résultat (1.94%), bien qu'issu d'un calcul précis, ne constitue bien évidemment qu'un point de repère car ce taux changera au fil des années en fonction de toute une série de facteurs, à commencer par le prix des céréales, qui fluctue chaque jour, et par le budget de la PAC accordé aux agriculteurs qui peut varier à la hausse comme à la baisse chaque année.

Comment apprécier ce taux ? Certes, un tel taux est largement supérieur au taux actuellement proposé sur les comptes d'épargne. Il paraît donc conforter la thèse qui veut que l'investissement dans le secteur foncier agricole constituerait une opportunité intéressante. Mais il convient de remarquer que ce taux reste faible par rapport à d'autres placements. La terre en Belgique (du moins dans la région de la Hesbaye pour la culture du blé tendre) peut dès lors (pour le moment) être considérée pour l'investisseur comme une valeur refuge telle que l'or dont le prix ne reflète pas la valeur

---

La valeur actuelle de 50 000 € devrait égaler la somme des revenus futurs actualisés pour le propriétaire :

$$50.000€ = \frac{400}{(1+r)} + \frac{400}{(1+r)^2} + \frac{400}{(1+r)^3} + \frac{400}{(1+r)^4} + ... + \frac{400}{(1+r)^\infty}$$

Si on pose $x = \frac{1}{1+r}$, alors l'équation se présente :

$$\frac{50.000}{400} = x + x^2 + x^3 + x^4 + x^4 + \cdots + x^\infty$$

Ce qui revient à dire

$$\frac{50.000}{400} + 1 = \frac{1-x^\infty}{1-x} = \frac{1}{1-x} \text{ puisque } x < 1$$

Résultat : le rendement r est de 0,8 % pour le bailleur propriétaire.

---

actuelle des revenus mais qui offre un moyen de sauvegarder son capital. Il faut noter cependant que les terres agricoles génèrent malgré tout des revenus et constituent dès lors un type de placement qui se différencie d'un placement qui ne se justifie que par la possibilité d'une plus-value à la revente, comme l'or. Nous allons essayer de découvrir les éléments qui justifient le prix parfois hors normes des terres agricoles.

Ce rendement pour le bailleur propriétaire est nettement plus faible que pour l'agriculteur propriétaire. Ces résultats montrent qu'il est plus intéressant pour un agriculteur d'investir dans des terres agricoles qu'il exploite que pour un investisseur non agriculteur.

CHAPITRE II : EVOLUTION GENERALE DU MARCHÉ DES BIENS FONCIERS EN BELGIQUE

Fonctionnement des ventes publiques

Les prix se basent entre autres sur les ventes publiques (entretien avec Johnny de Cumont 2015). Il y a deux points intéressants à relever s'agissant de ces ventes publiques. Tout d'abord, les ventes publiques ne sont pas nombreuses car un agriculteur désireux de vendre est généralement déjà en contact avec des acheteurs potentiels puisque la plupart des achats sont des achats de voisinage. Il est souvent plus intéressant pour un propriétaire de vendre des terres directement à ces amateurs sans passer par la procédure (et les coûts) de la vente publique.

Ensuite, le prix de vente dans les ventes publiques est souvent faussé. Quand une vente publique a lieu, les intéressés se rencontrent souvent avant la vente. Cette rencontre va fausser le prix. Prenons l'exemple d'une terre d'un hectare à vendre en bail à ferme. Le voisin de cette terre qui aimerait acheter cette terre, va trouver l'agriculteur avant la vente pour s'arranger avec lui. Il va lui proposer une autre terre proche de la ferme du bailleur pour qu'en échange il ne surenchérisse pas sur le prix à la vente publique et qu'il n'utilise bien évidement pas son droit de préemption dans son délai de 15 jours. Ces accords peuvent concerner une rupture du bail à ferme, ou du rachat du droit de préemption en échange par exemple, de l'octroi d'une autre terre qui l'intéressera davantage. Les intéressés peuvent aussi se mettre d'accord sur un prix et se payer mutuellement en noir avant d'aller à la vente publique ou avant d'aller signer l'acte chez le notaire (Le Sillon Belge, 2005).

Ces éléments ont évidemment pour effet de faire baisser le prix de la vente publique.

Cependant, dans ces ventes publiques, les enchères peuvent aussi monter très haut. L'exemple rencontré lors d'un entretien reflète bien la réalité : une prairie était à vendre en vente publique. Une première personne était intéressée par cette terre pour l'élevage d'Angus de son fils. Cet acheteur potentiel s'attendait à pouvoir faire l'acquisition de cette terre sans trop de problème en pensant qu'il allait être le seul véritable intéressé. Mais une seconde personne sortie de nulle part enchérit sur ces mêmes terres leur donnant une valeur bien supérieure à celle du marché. Le but de cette personne était d'acheter à tout prix cette terre pour l'échanger par la suite avec la commune de Rochefort qui elle allait l'échanger avec la donation royale pour que l'enchérisseur en question puisse agrandir sa chasse à des kilomètres de la terre qu'il a achetée. Ce jeu d'opérations en cascade de vente et de rachat peut fortement influencer le résultat de la vente publique (entretien Johnny de Cumont).

Évolution des prix des terres agricoles (cultures et prairies)

Pour pouvoir développer des hypothèses sérieuses sur l'évolution future des prix des terrains agricoles, il faut idéalement étudier l'évolution de ces prix par le passé, et essayer de comprendre les éléments qui ont engendré les fluctuations de prix. Une telle démarche se heurte à des difficultés importantes. Non seulement il s'agit, comme toujours dans ce type d'exercice, de résoudre la difficulté posée par l'évaluation de l'impact spécifique de chaque facteur impliqué. Mais l'absence de données sur le prix moyen des terres agricoles entre 2007 et 2015 complique singulièrement l'exercice. En effet, le prix moyen des terres agricoles n'est malheureusement plus publié depuis 2007 : cette absence de publication est selon l'article « *Caractéristiques du capital foncier des exploitations agricoles dans le Sud de la Belgique* » inspirée par le souci d'assurer le respect de la vie privée des agriculteurs (Terrones Gaviraa, Burny et Lebaillya, 2014). Notons cependant qu'interrogé à ce sujet, un agent de la DGSIE, Erik Vloeberghs, dans un mail[3] n'a pas évoqué explicitement ce motif pour justifier la non-publication des données.

D'anciennes données ont d'abord été trouvées dans le mémoire de T. Chevau de 2007 mais ces données qui ont été collectées en 2007 auprès de la DGSIE concernent seulement l'évolution du prix des terres agricoles entre 1977 et 2004 et se révèlent parfois contradictoires par rapport aux anciennes données de la DGSIE. Nous avons alors dans un premier temps étudié l'évolution des prix en respectant les données trouvées dans le mémoire de T. Chevau. Cependant, plus tard, lors de notre entretien, Lionel le Hardÿ, expert du placement foncier, a indiqué que les résultats collectés sur les prix des terres agricoles du mémoire de Thomas Chevau lui paraissaient douteux par rapport à ses connaissances. En effet, l'évolution des prix des terres agricoles étudiée dans ce mémoire ne correspond pas à ce que Lionel le Hardÿ a pu constater durant ses 25 années de carrière en tant qu'agent immobilier en zone rurale.

De telles divergences illustrent la difficulté que nous pouvons rencontrer pour fixer, de manière relativement sûre, la valeur actuelle des terres agricoles et pour retracer l'évolution récente des prix.

Nous nous sommes alors efforcé de trouver d'autre informations plus fiables que nous avons finalement pu trouver d'abord (pour les données entre 1975-2004) via nos échanges de courrier

---

[3] Mail reçu le 4 mai 2015 de la part de Erik Vloeberghs : Information & Communication à l'INS (Statbel) : « [...] *La source authentique pour les prix des terres agricoles est l'Administration Générale de la Documentation Patrimoniale (anciennement le 'Cadastre') du SPF Finances. Les dernières années, ces chiffres ne répondent toutefois plus à nos critères de qualité. C'est pourquoi nous avons arrêté la série en 2004. Depuis 2005, nous ne recevons plus de chiffres fiables pour produire des prix moyens des terres agricoles. Ça c'est la raison pour laquelle nous ne pouvons pas donner des chiffres récents mais uniquement des chiffres jusqu'en 2004 (voir fichier ci-joint).* »

électroniques avec la DGSIE et ensuite via notre entretien avec Maître Beguin, notaire à Beauraing qui nous a fourni les prix moyens de terres agricoles en Belgique jusqu'en 2007 (Il s'agit ici aussi des données publiées par la DGSIE à l'époque. Aujourd'hui, le lien Internet mentionné dans cette publication ne semble plus exister).

Nous allons commencer par une observation factuelle grâce à ces nouvelles données collectées entre 1975 et 2006, (grâce à Erik Vloeberghs et Etienne Beguin) et donc d'après les anciennes données de la Direction générale Statistique et Information économique (DGSIE), nous pouvons noter que le prix (euro courants) des terres de cultures en Belgique en 1975 valait 0.8€/m². Après une progression plus ou moins constante, on arrive en 2006 à une moyenne de 2.5€/m². Le prix des terres de cultures triple donc en 31 ans (1975-2006).

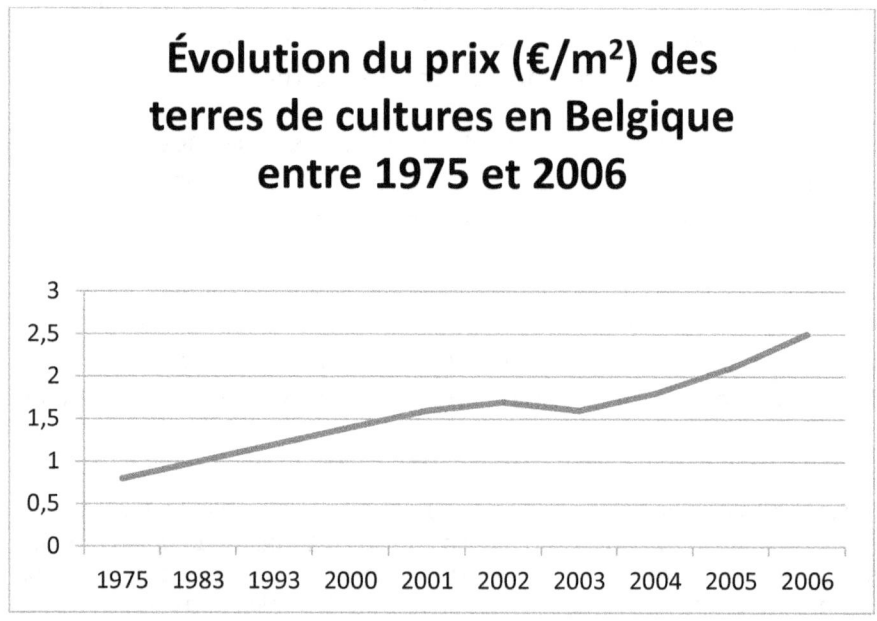

Évolution du prix (€/m²) des terres de cultures en Belgique entre 1975 et 2006

Source : DGSIE[4] (2007)

---

[4] Données reçues par Maître BEGUIN

Pour les prairies, les prix passent en 1975 de 0.7€/m^2 à 1.8€/m^2 en 2006. Ils font plus que doubler en 31 ans (1975-2006).

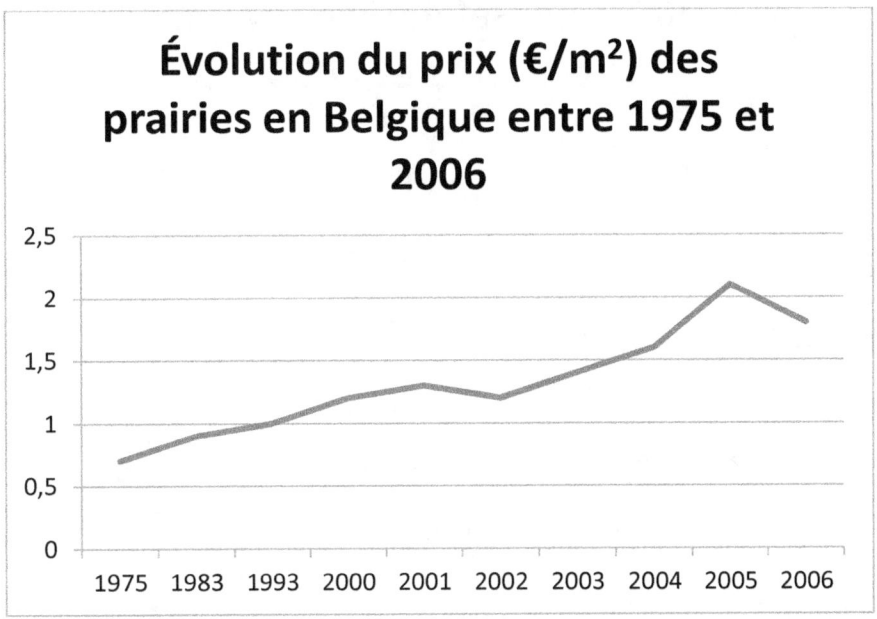

Source : DGSIE[5] (2007)

Prix des terres de cultures et prairie en Belgique par année entre 1973 et 2003

---

[5] Données reçues par Maître Beguin

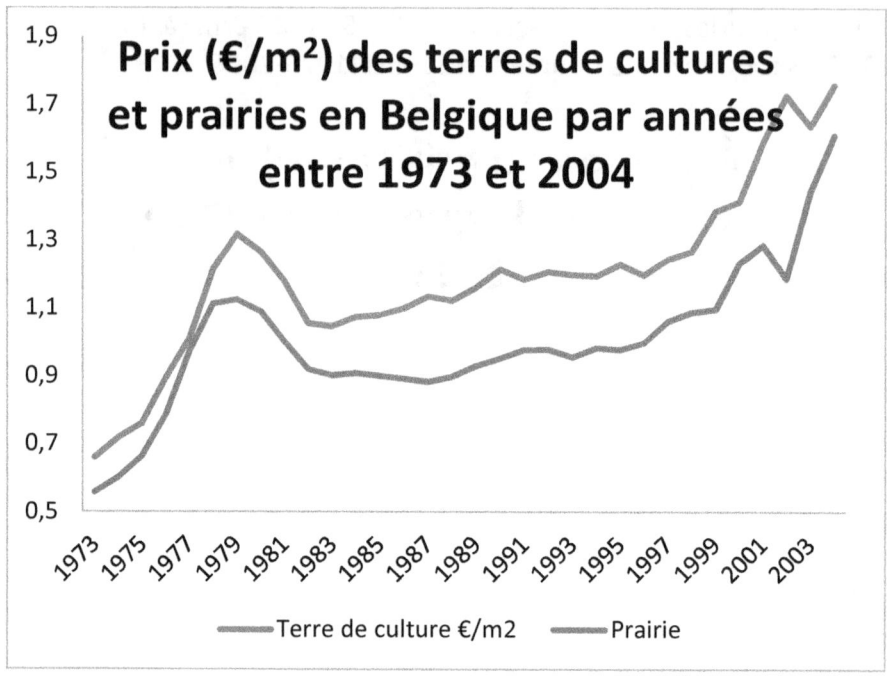

Source : DGSIE[6] (2007)

À première vue, le prix des terres semble donc avoir fortement augmenté. Cependant, après avoir retiré le facteur inflation (SGSIE, 2015) qui fausse les résultats, et donc après avoir calculé les prix en euros constants, nous constatons que 100€ de 1970 correspondent en raison de l'inflation en Belgique à 521€ en 2015. Il faut dès lors retravailler ces graphiques pour montrer la réelle évolution des prix des terres.

---

[6] Données reçues par Erik Vloeberghs

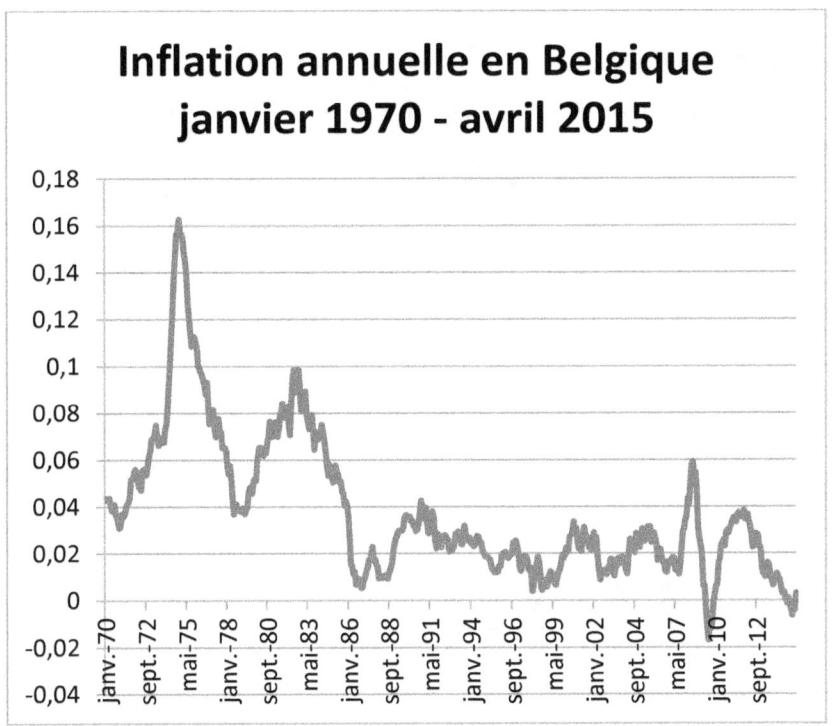

Source : DGSIE (2015)

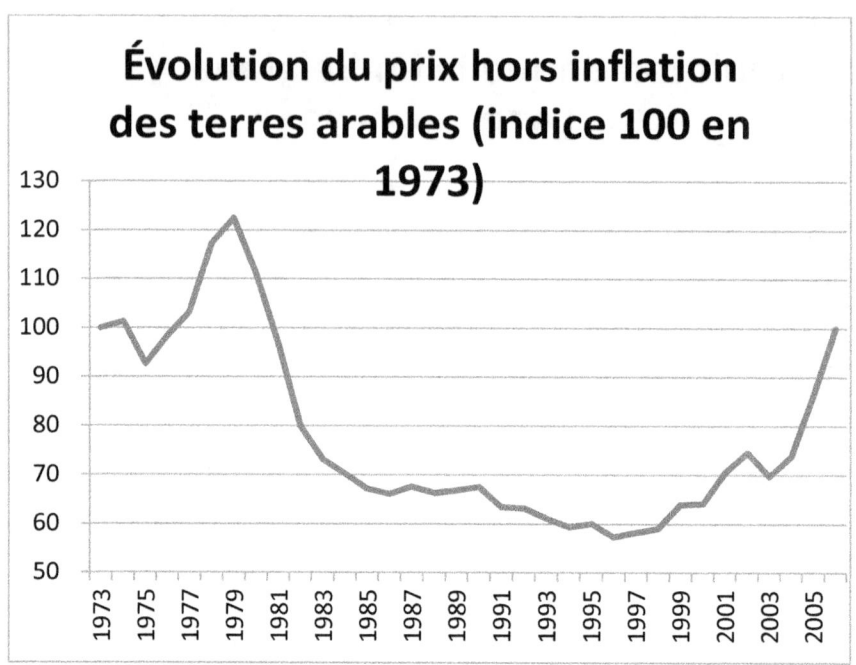

Évolution du prix hors inflation des terres arables (indice 100 en 1973)

Données : DGSIE (2007)

Source : Edouard Nève

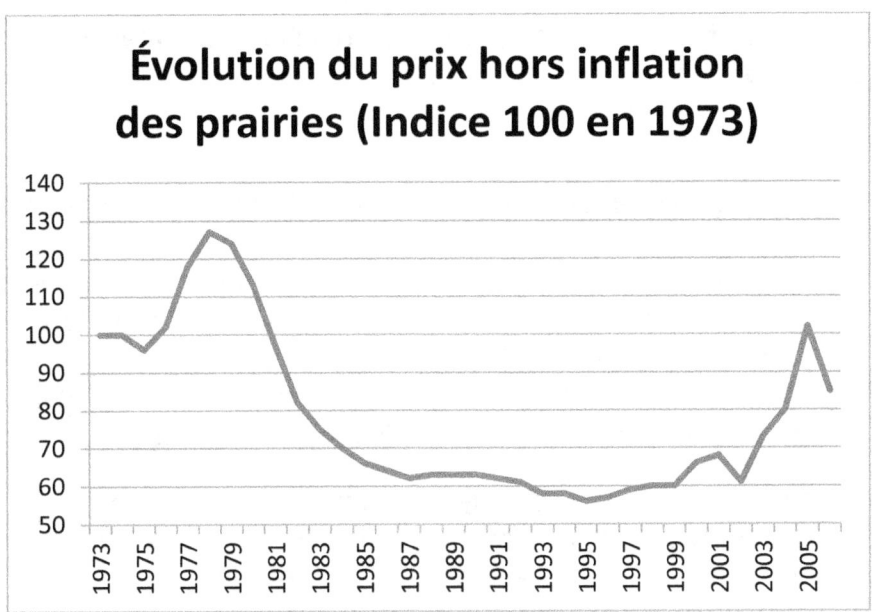

Évolution du prix hors inflation des prairies (Indice 100 en 1973)

Données : DGSIE (2007)

Source : Edouard Nève

Ce graphique montre l'évolution annuelle du prix des terres en considérant l'indice général des prix entre les années 1973 et 2005. Nous avons utilisé les données représentées ici sous forme de graphique pour calculer l'évolution des prix des terres agricoles par rapport à 1973 (année que nous avons choisie comme référence). Nous avons pris l'indice des prix pour pouvoir refaire une lecture du graphique en enlevant l'impact de l'inflation. Autrement dit, ce graphique montre l'évolution en pourcentage par rapport à l'année de référence à savoir 1973. (Autrement dit, si l'indice est de 80, cela signifie qu'il a diminué de 100-80 = 20%. Si l'indice se situe à 120, cela signifie qu'il a augmenté de 120-100 = 20)

Nous allons à présent interpréter les résultats et émettre des hypothèses.

On remarque que

1. Les prix des terres n'ont pas connu de changement significatif sur le long terme.
2. Les prix des terres, à plus court terme, peuvent connaître des fluctuations relativement importantes, avec de fortes variations d'une année à l'autre.
3. On peut émettre l'hypothèse d'une corrélation entre les deux crises pétrolières et la hausse plus importante des prix.

Nous constatons donc une augmentation constante, faible mais réelle, des prix des terres agricoles. En effet, on peut imaginer que si nous avions les résultats d'avant 1973 (date de la première crise pétrolière), nous aurions des prix constants, plus ou moins égaux à ceux que nous trouvons entre les dates 1990 et 2002.

De fait, la deuxième crise pétrolière s'est accompagnée d'un net enchérissement du prix de la terre agricole, suivie d'une lente mais considérable décrue. Il est permis de supposer que la première crise pétrolière avait, elle aussi, créé une progression quelque peu artificielle du prix de la terre agricole, considérée dans les époques les plus troublées, comme une valeur refuge, à l'instar de l'or.

A la lumière de ces données, il serait tentant de supposer que la crise financière de 2008 a pu entraîner un réflexe du même genre chez certains investisseurs dégoûtés par les piètres performances de leurs placements boursiers. L'on sait que l'immobilier a représenté, tout comme l'or, une valeur refuge dans ces temps troublés. La question est alors de savoir si l'immobilier foncier agricole a également pu bénéficier d'une sorte de « retour à la terre », qui aurait entraîné une hausse des prix. Nous nous sommes efforcés de vérifier cette hypothèse en interrogeant Lionel le Hardÿ, pour qui le raisonnement semble correct.

Les acteurs du secteur que nous avons pu rencontrer s'accordent à dire que depuis 2007 jusqu'à aujourd'hui, le prix des terres aurait augmenté en euro courant de 150% (2 fois et demi le prix initial). Ces données sont difficilement vérifiables de manière scientifique mais nous pensons que nous pouvons faire confiance aux informations convergentes reçues par les différents notaires et par Lionel le Hardÿ. Il faut savoir que l'on a pu observer une augmentation de l'inflation entre janvier 2006 et janvier 2015 de 18,1%. C'est-à-dire que quand les agriculteurs, les notaires et autres spécialistes disent que les terres ont augmenté de 150% depuis 2007, elles ont augmenté en réalité (250/118.11*100 = 112%) de 112%.

Ce dernier chiffre ne doit pas être très éloigné de la réalité en cette période de faible inflation (et parfois même de très faible déflation) que nous connaissons depuis ces dernières années (+0.28% sur 12 mois entre avril 2014 et avril 2015) (cfr infra p.83).

CHAPITRE III: PRIX ET SITUATION À L'ÉTRANGER

Introduction

Il ne faut pas oublier qu'il est toujours possible pour un Belge d'investir à l'étranger. Si les prix des terres agricoles et biens fonciers sont élevés à l'extérieur de la Belgique, cela aura un impact positif (hausse du prix) sur les terres en Belgique.

De même si le prix des terres à l'extérieur de la Belgique baisse, on pourra s'attendre à une baisse des terres en Belgique. En d'autres mots, le faible prix des pays à l'extérieur de la Belgique peut inciter l'agriculteur ou l'investisseur à vendre ses terres en Belgique pour investir à l'étranger. De tels comportements engendreraient une relative baisse du prix du terrain agricole en Belgique, selon un mécanisme que l'on pourrait qualifier de « correction ».

À cela s'ajoute le fait que la Belgique est un pays aux dimensions particulièrement modestes. La frontière n'est jamais très loin… Par conséquent, le niveau des prix des terres agricoles dans les pays limitrophes de la Belgique est une donnée particulièrement intéressante.

1. Prix et situation des pays limitrophes

France

La SAU en France représente 54% de sa superficie totale soit 29 millions d'hectares (Statistiques mondiales, 2015).

Les terres arables représentent 18,4 millions d'hectares donc 62% de la SAU, dont un peu plus de la moitié est consacrée à la culture de céréales (Statistiques mondiales, 2015).

Ces chiffres illustrent le poids du secteur agricole dans l'économie française, nettement plus important qu'en Belgique. La France est d'ailleurs le plus gros bénéficiaire de la PAC (cfr infra p.72) de l'Union

Européenne avec plus de 17% des aides de la PAC qui lui sont octroyés.

La SAFER et le prix des terres en France

Les SAFER (Sociétés d'aménagement foncier et d'établissement rural) sont des ASBL poursuivant des missions d'intérêt général, sous la tutelle des ministères de l'Agriculture et des Finances. Les SAFER *« permettent à tout porteur de projet viable - qu'il soit agricole, artisanal, de service, résidentiel ou environnemental - de s'installer en milieu rural. Les projets doivent être en cohérence avec les politiques locales et répondre à l'intérêt général.»* (SAFER.fr, 2015)

Les SAFER ont été créées au départ pour régulariser le marché des terres agricoles. *« Les Safer ont été créées par la loi d'orientation agricole du 5 août 1960. Leurs objectifs initiaux consistaient à réorganiser les exploitations agricoles, dans le cadre de la mise en place d'une agriculture plus productive, et à installer des jeunes. »* (SAFER.fr, 2015)

Les SAFER ont le droit de préemption sur les terres agricoles et sont systématiquement informées des projets de vente par les notaires. *« La Safer achète des biens agricoles ou ruraux puis les revend à des agriculteurs, des collectivités, des établissements publics nationaux ou locaux (conservatoire du littoral, parcs naturels, agences, etc.), personnes privées (conservatoires, associations, fédérations, entreprises, etc.) dont les projets répondent à l'objectif de ses missions. »* (SAFER.fr)

Le droit de préemption a même été étendu récemment aux sociétés agricoles avec l'adoption, par l'actuel gouvernement socialiste, d'une nouvelle loi agrandissant le champ d'application des SAFER (entretien avec Monsieur Lionel le Hardÿ). Non seulement il y a droit de préemption mais en plus, la SAFER décide du prix d'achat de la terre. Cela signifie que si par exemple une personne souhaite vendre des terres agricoles et qu'il trouve un acheteur pour 6000€/ha, il devra prévenir la SAFER qui pourra utiliser son droit de préemption pour un prix qui qu'elle jugera par exemple 20% moins élevé (entretien avec Antoine-Henry d'Andlau, agriculteur et propriétaire de terres agricoles en France).

Un certain nombre de critiques se sont élevées contre le fonctionnement des SAFER : pour certains, il s'agirait en pratique souvent « *d'agents immobiliers déguisés qui servent leurs copains* » (le Hardÿ, 2015).

L'existence et l'activité des SAFER ont également entraîné un certain nombre d'effets pervers. C'est ainsi que certains propriétaires cherchent à éviter de se faire valoriser par une SAFER (Elisseeff, Forestie, Osmont, 2011). On peut démembrer la qualité économique d'une terre pour éviter que la SAFER valorise le bien. On peut par exemple confier le fonds à une SCI (Société Civile Immobilière) et l'exploitation à une autre société (par exemple une société agricole d'exploitation). Ainsi, on sépare le fonds et l'exploitation. Ce dispositif a pour but de rendre les terres non valorisables par la SAFER. Mais malheureusement pour le petit exploitant, celui-ci n'a pas accès à ce genre de « combine » trop onéreuse, ce qui introduit une forme d'injustice au sein du secteur.

Toujours est-il que si les prix des terrains agricoles en France sont largement inférieurs aux prix pratiqués en Belgique, il est permis de penser que cette situation est au moins en partie imputable à l'existence des SAFER (même si des éléments d'ordre démographique, notamment, jouent aussi un rôle).

Le prix moyen de la terre agricole en France tournait autour de 0.5€/m2 en 2003 alors qu'en Belgique, ce prix tournait autour des 1.8€/ha pour la même année. La terre en France était donc en 2003 environ et en moyenne 3 fois moins chère pour une qualité de terre équivalente. Rien ne permet de penser que cet écart de prix entre les deux pays se soit sensiblement modifié depuis lors.

Pour préciser l'importance qu'ont les droits de préemption de la Safer en France, il est intéressant de préciser que les SAFER ont utilisé en 2012, 1.360 fois leur droit de préemption. Cela a concerné 6.900 hectares pour une valeur totale de 53 millions d'euros. Ces chiffres représentent environ 0,7% du nombre de transactions. Toutefois, l'existence même de la possibilité d'une préemption par la SAFER peut avoir un effet indirect sur la manière dont les agriculteurs fixent leurs prix de vente de terres (Elisseeff et al. 2011).

L'ensemble des acquisitions de terre agricoles de la SAFER représente d'après nos calculs, une somme de 1.06 milliards d'euros. Cela représenterait 14% des terres mises en ventes en 2014. (SAFER.fr, 2015)

En Belgique, dans les régions proches de la France, comme la région de Beaumont ou la Thudinie, les prix des terres agricoles sont inférieurs à la moyenne belge à cause de l'influence du prix des terres agricoles françaises (Jean DE QUATREBARBES, 2015). Comme nous venons de le voir, ce niveau inférieur des prix peut avoir partie liée avec l'impact de l'action des SAFER. Il nous a dès lors semblé utile de rapidement évoquer leur rôle, d'autant plus que des voix se sont élevées en Wallonie pour s'inspirer du modèle français. Le décret wallon du 7 mars 2014, relatif au Code wallon de l'agriculture, se caractérise notamment par un développement des possibilités de préemption de la part des autorités publiques. Un de nos interlocuteurs, le notaire Etienne BEGUIN, par ailleurs également maître de conférences à l'UCL, a attiré notre attention sur cette innovation figurant dans la nouvelle mouture du code wallon de l'agriculture.

Allemagne

En 2006, le prix moyen d'un hectare de terre arable vaut 8.900€/ha. Ce prix varie considérablement d'une région à l'autre : les terres les plus accessibles se trouvent dans l'ancienne RDA à moins de 2.700€/ha. La plus chère en Bavière (en moyenne 24.300€/ha) et en Rhénanie du Nord-Westphalie (en moyenne 26.000€/ha).

Les écarts aussi importants s'expliquent sans aucun doute par la qualité des terres - plus généralement médiocres dans l'ancienne RDA, mais aussi pour des raisons qui tiennent à l'héritage du régime communiste, et que nous ne pouvons développer ici.

Pays-Bas

Aux Pays-Bas, le prix des terres agricoles est plus élevé qu'en Belgique et dans ses autres pays limitrophes. Selon un mécanisme symétrique, mais inversé, à celui observé pour les terres proches de la frontière française, les terres belges proches de la frontière du Pays-Bas connaissent des prix plus élevés.

Conclusion :

Le prix des terres agricoles des pays limitrophes à la Belgique a un impact direct sur le prix des terres agricoles belges proches des frontières, qui ont tendance à s'aligner sur les prix des pays voisins

2. L'importance des aides publiques à l'agriculture hors de l'Union européenne

L'examen de la situation dans un certain nombre de pays étrangers permet par ailleurs de mieux appréhender l'impact des différentes formes d'aide accordées aux agriculteurs par les pouvoirs publics. Comme nous le verrons, la politique agricole commune de l'Union européenne est un élément capital dans le fonctionnement actuel du secteur agricole dans notre pays. Il s'agit donc dès lors également d'un élément clé pour comprendre ce qui détermine la valeur des terres agricoles, et donc pour examiner les perspectives d'investissement dans ce secteur.

Étant donné l'influence de la PAC sur la fixation du prix des terres agricoles (cfr infra p.72), il est intéressant de savoir si les pays hors de l'Union Européenne distribuent eux aussi dans l'agriculture une aide analogue à celle que l'on connaît dans l'UE.

Vérification faite, il s'avère que l'Europe, même si sa politique agricole peut être considérée comme généreuse, n'est pas la championne en la matière. En effet, face à la PAC de l'UE en 2012

(550€ par hectare), le Japon distribue en moyenne plus de 10 000€ par hectare.

Le Japon reste cependant une exception, avec la Suisse et la Norvège (environ 5 000€ par hectare). Les aides de la plupart des autres États sont inférieures aux aides européennes : presque 300€ par hectare pour les États-Unis d'Amérique et une moyenne d'environ 130€ par hectare pour les agriculteurs et éleveurs du Canada (OCDE, 2014).[7]

---

[7] Attention : toutes ces données proviennent de l'étude de l'OCDE sur le soutien à l'agriculture. Il convient de noter que certains de ces chiffres sont surévalués par rapport à la PAC de l'Union européenne car le soutien à l'agriculture de ces pays non membres de l'UE comprend parfois d'autres dépenses, comme l'entretien des chemins agricoles ou le soutien au régime d'assurance-maladie et d'assurance retraite spécifique au secteur agricole.

3. Des investissements fonciers agricoles plus exotiques ?

3.1. En Europe :

L'investisseur belge peut évidemment envisager également de jeter plutôt son dévolu sur des terrains agricoles situés soit dans les zones périphériques de l'Union européenne (ex pays communistes d'Europe de l'Est), soit hors des limites de l'Union, si un tel investissement peut s'avérer plus rentable tout en ne présentant pas un niveau trop élevé de risque.

Il nous paraît donc utile de donner quelques indications à cet égard pour voir s'il s'agit bel et bien d'alternatives sérieuses s'offrant à l'investisseur résolu à privilégier le secteur foncier agricole.

Ukraine

Nous avons choisi cet exemple car l'Ukraine est connue pour la qualité de ses terres. L'Ukraine a pendant plusieurs siècles joué le rôle de grenier à blé pour la Russie (Terestchenko, 2011). En 2008, l'Ukraine affichait une SAU (surface agricole utile) de 70% de son territoire (La superficie de l'Ukraine correspond à 110% de celle de la France). Cela équivaut à 42 millions d'hectares. On y trouve particulièrement du blé d'été et d'hiver, de l'orge, du maïs, du soja, du colza et des pommes de terre (Mousseau, 2015).

Par rapport aux pays de l'Union européenne, sa production en fonction de territoire exploité (SAU), reste inférieure à 40%, malgré la qualité de la terre. Il y a donc un potentiel d'amélioration important. Cette sous-utilisation est sans doute imputable à l'insuffisance des moyens techniques et matériels. Or, ce sont précisément ces outils qui exigent des investissements supplémentaires. (Terestchenko, 2011) De ce point de vue, la productivité inférieure de l'agriculture ukrainienne peut notamment s'expliquer par la différence d'aide entre la PAC (cfr infra p.72) de l'Union européenne et les aides nationales de l'Ukraine en faveur de l'agriculture (Mousseau, 2015).

En plus de la qualité de la terre, la main d'œuvre en Ukraine est très bon marché : le salaire moyen d'un ouvrier est de l'ordre de 300€ par mois (EuroStat, 2014).

Toutefois, à l'heure actuelle, il n'est pas permis à un investisseur étranger - que ce soit un particulier ou une société - de devenir propriétaire foncier. Mais il est possible de créer une entreprise locale, ukrainienne, qui investit dans les terres (Mousseau, 2015).

Roumanie

Si on en croit l'article du site des meilleurs placements 2015 « acheter des terres agricoles », le prix des terres agricoles en Roumanie vaut en moyenne 2000€ par hectare.

Bien que faisant partie de l'Union européenne, la Roumanie présente pour l'instant la même difficulté pour l'investisseur belge que l'Ukraine : il est actuellement interdit à un étranger d'investir dans le secteur foncier agricole sans passer par la création d'une société locale.

Le salaire minimum en Roumanie est de 160€ par mois (EuroStat, 2014). SOURCE / http://www.eurocompar.eu/salaires-et-revenus.10.datas.htm

Pologne

Le secteur agricole de la Pologne occupe une place relativement importante dans l'économie polonaise (Statistiques mondiales, 2015). Son adhésion à l'Union européenne depuis le 1er mai 2004 fût un réel succès grâce à la PAC. Sa surface agricole utile couvre en 2014, 15,44 millions d'hectares de son territoire total (312 700km^2). La SAU est essentiellement constituée de terres arables (74,4 %) de qualité moyenne à mauvaise (sols sableux et acides). L'agriculture polonaise se caractérise par de nombreuses petites exploitations d'environ 10 hectares (Direction Générale (DG) Trésor, 2014).

L'agriculture employait 3,3 % de la population active en 2012 (EuroStat, 2014).

La Pologne présente l'avantage de la sécurité puisque le pays fait également partie de l'Union européenne et qu'il est possible pour un Belge d'investir dans l'agriculture.

Le climat plus continental de la Pologne permet une plus longue durée des saisons de production agricole.

Les prix des terres en Pologne (moyenne de 4.800€/ha en 2012 (DG Trésor, 2014)) sont largement plus faibles que ceux de la Belgique et de ses pays limitrophes. Et tout laisse à penser que l'on peut s'attendre à une augmentation de ces prix grâce notamment à la PAC. L'agriculture polonaise se présente encore aujourd'hui comme une agriculture traditionnelle basée sur des petites exploitations familiales très faiblement rentables et pour lesquelles la politique agricole commune joue le rôle de coussin social évitant un exode rural massif. Il est permis de supposer qu'une modernisation du secteur aura un effet positif sur la valeur des terres.

Par ailleurs, le développement encore limité du système bancaire et la réticence traditionnelle des agriculteurs polonais à recourir à l'emprunt constituent également des facteurs qui maintiennent les terres à un prix peu élevé. L'évolution des mentalités devrait aller dans le sens d'une attitude plus dynamique vis-à-vis de l'achat de terres.

A partir du 1er mai 2016, il sera possible pour les investisseurs non polonais d'investir dans la terre agricole en Pologne (DG Trésor, 2014).

Bulgarie :
La Bulgarie se caractérise par une forte augmentation du prix des terres agricoles au cours de ces dernières années.

Entre 1991 et 2001, le prix des terres coûtait entre 200 et 750€/ha et entre 2007 et 2008, entre 750 et 1500 €/ha.

En 2007, louer une terre coûtait entre 60 et 100€/ha par an et en 2010 entre 150 et 175 €/ha par an.

Depuis 2014, les acheteurs étrangers peuvent acheter des terres en Bulgarie.

Conclusion :

Le niveau relativement faible du prix des terres dans les pays d'Europe de l'Est, membres ou non de l'Union européenne, conjugué à une dynamique de hausse de ces prix, pourrait tenter l'investisseur.

Il convient toutefois de rappeler que certains pays comme l'Ukraine ou la Roumanie maintiennent des obstacles aux achats directs de terres par des sociétés ou des particuliers étrangers et contraignent l'investisseur à passer par la voie d'une création d'une société locale. Même lorsque ces obstacles n'existent pas, comme en Pologne, le caractère relativement «arriéré» du monde rural et des modes de fonctionnement de l'activité agricole doit également être pris en considération par celui qui envisagerait un investissement dans ce domaine. Il n'est donc pas étonnant que les amateurs ne se bousculent pas au portillon...

3.2. Hors Europe :

Introduction

Le graphique ci-dessous n'a pas l'intention de représenter les prix des terres agricoles du monde de manière précise. Les données rassemblées dans ce graphique proviennent de différentes sources : des statistiques des prix des terres agricoles de chaque pays, mais aussi d'entretiens et d'un document sur l'investissement dans les terres agricoles dans le monde.

Ce graphique illustre les écarts de prix entre les différentes parties du monde. Nous avons pris comme date de référence l'année 2012 car c'est une date récente pour laquelle nous disposons d'un assez grand nombre d'informations sur les prix des terres agricoles.

Les données que nous avons trouvées étaient exprimées dans les devises nationales respectives. Nous avons procédé à une conversion en dollar US : le taux de change choisi a été celui de la moyenne de l'année correspondante (FXT, 2015).

(Par exemple : le chiffre de R$ 19 023 pour l'État brésilien du Mato Grosso converti en US$ pour l'année 2013 donne 5 525,52 US$).

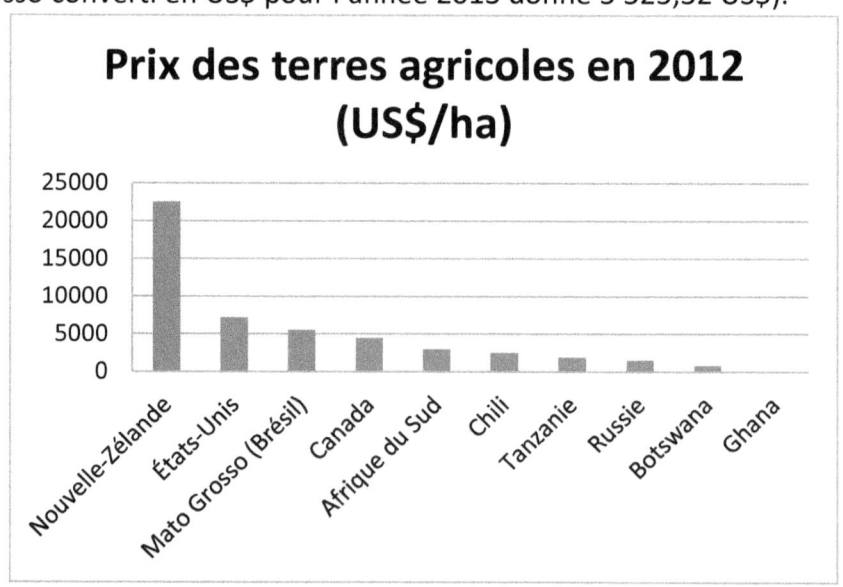

Argentine

En 2011, la part de son agriculture dans le PIB est de 10,7 % et concerne (en 2009) 5% de sa population active (Statistiques mondiales, 2015).

La situation qui prévaut actuellement en Argentine, en vertu des choix de la présidence de Cristina Kirchner, est extrêmement protectionniste. Il n'est donc pas possible pour un étranger propriétaire terrien en Argentine de vendre ses terres pour rapatrier son capital vers son pays. C'est ainsi que plusieurs propriétaires belges actifs en Argentine se trouvent pour l'instant dans l'incapacité de rapatrier leurs avoirs en Belgique.

Rien ne dit toutefois que cette situation soit appelée à perdurer. En effet, le mandat de la présidente vient à expiration en 2015 et la présidente, qui aura alors accompli deux mandats ne pourra plus se représenter. En cas de victoire du candidat de l'opposition de droite, on peut s'attendre à un changement dans la politique pratiquée et à un abandon des mesures protectionnistes. Le démantèlement de ces mesures constituerait pour l'investisseur un facteur important pour envisager à nouveau d'investir en Argentine.

Les prix des terres en Argentine dépendent fortement de la zone où elles se trouvent. Certaines régions comme la Pampa sont parfaites pour l'élevage, alors que d'autres régions comme la Patagonie, en raison de leur caractère montagneux, sont peu favorables à l'agriculture comme à l'élevage. C'est donc dans la Pampa, à proximité de la capitale Buenos Aires que les prix sont les plus élevés. On cite ainsi le chiffre de 8.000.000$ pour 1.000 hectares dans la Pampa (entretien avec un diplomate belge qui a vécu en Argentine et qui souhaite garder l'anonymat).

Outre les mesures protectionnistes mises en place par le gouvernement actuel, le pays, comme beaucoup de pays de la région, connaît un grave problème de corruption. Cet élément, même s'il ne figure dans aucune statistique officielle, est susceptible de peser relativement lourd dans la rentabilité d'investissements, dans l'agriculture comme ailleurs (Next Finance, 2010).

Brésil

Part de l'agriculture dans le PIB: 5.5% (Statistiques mondiales, 2015).

Part de l'agriculture dans la main-d'œuvre active: 20% (Statistiques mondiales, 2015).

Les investisseurs étrangers possèdent ensemble environ 5 000 000 d'hectares. Cependant depuis août 2010, le gouvernement brésilien a limité l'investissement étranger. Cette mesure illustre à contrario l'intérêt que suscite le secteur agricole brésilien pour les investisseurs étrangers (Clave et Auverlot, 2010). En effet, le pouvoir d'achat moyen des Brésiliens étant relativement bas par rapport aux potentiels investisseurs étrangers, ce sont principalement les étrangers qui peuvent profiter du marché de l'agriculture au Brésil en investissant dans les terres agricoles. Seule une régulation pouvait changer la donne. Une seconde barrière vient s'ajouter à cette limitation : des taxes sur la propriété privée et des taxes sur les produits agricoles exportés.

Certaines régions du Brésil connaissent un climat tempéré favorable pour l'agriculture et le pays possède près d'un cinquième des terres arables du monde entier. Il faut pourtant relever que les infrastructures sont encore insuffisantes et que les routes, par exemple sont fréquemment dans un état épouvantable. La situation devrait cependant s'améliorer en raison d'investissements publics considérables programmés par le gouvernement brésilien pour les prochaines années).

Canada

PIB de l'agro-industrie: 8.5% (Statistiques mondiales, 2015).

PIB de l'agriculture : 1.9% (Statistiques mondiales, 2015).

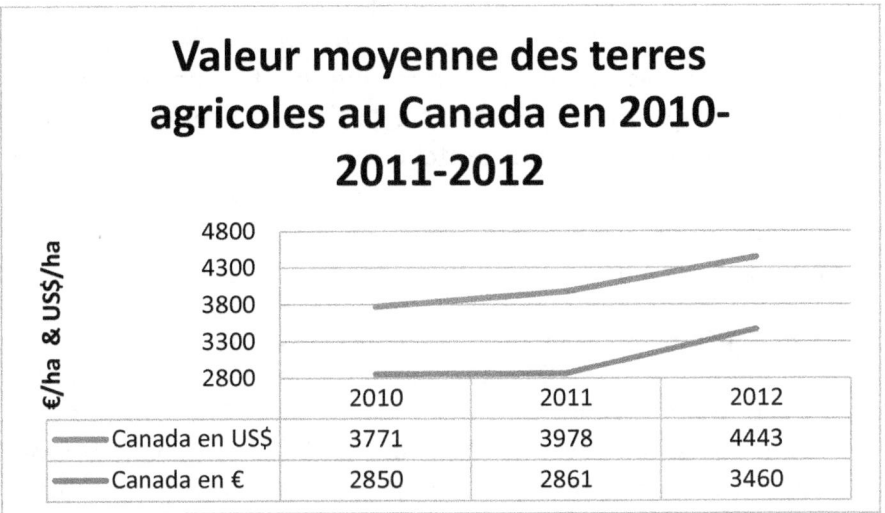

	2010	2011	2012
Canada en US$	3771	3978	4443
Canada en €	2850	2861	3460

Source: Farm Credit, Statistics Canada (2015)

Le taux de change US$-€ que nous avons appliqué est à chaque fois (pour les trois années) celui de la moyenne de l'année correspondant au prix des terres agricoles (FXTOP, 2015).

Évidemment comme partout ailleurs, le coût des terres dépend fortement des régions.

C'est ainsi que les terres sont les plus chères dans la province de l'Ontario avec une valeur de US$ 12.214 l'hectare en 2013. L'Ontario est la province la plus peuplée du Canada. La densité plus élevée de la population est l'un des facteurs de la cherté relative des terres agricoles.

L'importance de la densité de population comme critère apparaît lorsque l'on se penche sur le cas de la province du Saskatchewan où la valeur moyenne des terres est la moins élevée du pays à raison d'US $ 1.853 l'hectare.

Cette province se caractérise pourtant par la qualité de ses terres constituées principalement de pâturages mais aussi d'excellentes terres arables et d'une forêt au Nord. Mais une densité de population ne dépassant pas 1,75 personnes par km^2 pèse fortement sur la valeur des terrains agricoles. À cela s'ajoute l'interdiction pour un étranger d'investir au Saskatchewan (tout comme dans les provinces d'Alberta et du Manitoba), ce qui contribue à limiter considérablement la demande par rapport à l'offre et donc à maintenir les prix à un niveau peu élevé.

Le Canada pratique aussi un certain protectionnisme en termes d'investissement et d'exploitation en terres agricoles à l'encontre des investisseurs étrangers, en particulier dans les provinces du Manitoba, du Saskatchewan et de l'Alberta. L'Est du Canada semble être plus accueillant pour les investisseurs étrangers en terres agricoles.

Etats-Unis d'Amérique

Part de l'agro-industrie dans le PIB : 17% (soit deux fois le chiffre du Canada) (Statistiques mondiales, 2015).

Part du secteur primaire de l'agriculture dans le PIB : 2% (soit un chiffre très proche de celui du Canada).

Les États-Unis sont l'une des régions les plus productives au monde. Les connaissances en agriculture et les machines sont performantes. La politique est stable et l'investisseur peut acheter des terres sans trop de risque de nouvelles taxes importantes. Les possibilités d'exportations des denrées agricoles sont excellentes. Cependant, le marché arrive à saturation dans le sens où quasi toutes les terres rentables sont déjà exploitées.

Afrique subsaharienne

PIB du secteur primaire de l'agriculture : 32% (Statistiques mondiales, 2015).

L'Afrique noire possède 60% des terres arables non cultivées de la planète... Autant dire que le potentiel est énorme, mais les risques liés aux investissements dans les pays africains sont très importants. Quant à l'infrastructure (réseau routier rudimentaire ou inexistant, stockage des denrées inadéquat...), elle reste encore très problématique. Les pays qui investissent en Afrique sont nombreux et les transactions portent sur des surfaces relativement étendues. Entre 2006 et 2009, au total, 4.5 millions d'hectares ont été vendus à la Chine, à la Corée du Sud, au Qatar, à l'Arabie saoudite, aux Émirats arabes unis (Clave et Auverlot, 2010).

En dépit de l'accroissement sensible des investissements étrangers qu'on a pu observer ces dernières années, l'investissement en Afrique subsaharienne reste une entreprise présentant un niveau relativement élevé de risque, niveau sans doute trop élevé pour l'investisseur individuel.

Même dans les pays qui connaissent une certaine stabilité politique et un développement économique incontestable, le risque d'une dégradation de la situation pour des motifs politiques ou sanitaires (la récente crise liée à l'épidémie du virus Ebola en est une bonne illustration) ne peut être sous-estimé.

Dès lors, ce type d'investissement ne paraît pas constituer une véritable alternative à un investissement dans des terres agricoles en Belgique ou dans d'autres pays d'Europe, mais un choix qui s'inscrit dans une politique de placement où les risques pris dans un compartiment/secteur/région, sont contrebalancés par des positions prises dans des placements nettement moins risqués.

Conclusion.

Ce rapide tour d'horizon nous amène à une première conclusion : investir en Belgique reste plus « facile » pour notre investisseur belge, mais le prix très inférieur des terres dans certains pays peut s'avérer intéressant pour certains types d'investisseurs.

Cependant, comme nous l'avons vu, beaucoup de pays ont adopté des normes limitant ou prohibant les investissements venant de l'étranger. Par ailleurs, au-delà du prix attractif de la terre, il faut tenir compte de toute une série de facteurs qui compliquent l'activité agricole et compromettent éventuellement sa rentabilité : la piètre qualité des infrastructures et notamment des infrastructures de transport, les risques de change et les risques politiques, pour ne citer que ceux-là.

CHAPITRE IV : FACTEURS INFLUENÇANT L'OFFRE ET LA DEMANDE GLOBALE DES BIENS FONCIERS AGRICOLES EN BELGIQUE:

Pour étayer notre hypothèse d'une hausse considérable du prix des terres agricoles, nous allons prendre en considération les facteurs qui nous paraissent, compte tenu des informations que nous avons pu rassembler, les plus importants dans la détermination du prix des terres agricoles.

I. Rentabilité de la terre

Le revenu dépend fortement de la qualité et du type de terre. Plusieurs éléments influencent ce revenu, à commencer par la PAC, et par le prix de revient des produits agricoles vendus. Nous analyserons ces deux facteurs en détail (Burny, 2014).

1.1.   PAC (Politique Agricole Commune)

La politique agricole commune, généralement appelée PAC, est une des principales politiques menées par l'Union européenne et cela depuis plusieurs décennies. Les objectifs initiaux de la PAC, entrée en vigueur en 1962, consistaient à assurer la sécurité d'approvisionnement des principales denrées agricoles dans les pays qui constituaient alors la Communauté européenne, mais aussi à garantir une certaine stabilité du revenu des agriculteurs européens, ainsi qu'une certaine stabilité des prix pour les consommateurs (Ciaian, Kancs, Swinnen, 2010).

Par ailleurs, la Communauté européenne répliquait à un certain nombre d'autres acteurs extérieurs, à commencer par les États-Unis, qui avaient mis en place des politiques de soutien à leur agriculture (cfr supra p.60).

Dans l'histoire du projet européen depuis les années '60 et jusqu'à nos jours, la politique agricole a toujours joué un rôle essentiel. Dès les origines, la PAC a représenté la partie la plus importante du budget communautaire et a exercé une influence déterminante sur le visage de l'agriculture des pays membres de la Communauté européenne, devenue ensuite Union européenne, dont la Belgique est membre (Stévenne, Lecomte, Godeaux, 2009).

La PAC a d'une certaine manière été victime de son succès : son approche productiviste a conduit les agriculteurs à privilégier essentiellement la quantité, plutôt que la qualité. Les liens qui avaient été mis en place entre les volumes de production et les subventions ont eu bien évidemment pour effet de pousser les agriculteurs à produire toujours davantage (Stévenne et al. 2009).

La Communauté européenne a alors été confrontée assez vite à des phénomènes d'excédents agricoles, qui touchaient inégalement les secteurs, mais qui prenaient parfois des proportions spectaculaires, par exemple pour les produits laitiers, ou le vin de consommation courante. Bien entendu, cette envolée de la production s'est accompagnée pour les pays membres de l'Union européenne d'un dérapage en termes de budget : à l'époque de sa plus grande expansion, dans sa version traditionnelle, la PAC monopolisait environ plus de la moitié du budget communautaire (Ciaian, et al. 2010).

Ce double déséquilibre - surproduction et coût grandissant - a conduit, à partir des années **1980,** à l'adoption d'un certain nombre de réformes visant à éliminer ou en tout cas à limiter les principaux effets pervers que l'on vient d'évoquer (Duvivier, 2004).

Il faut à cet égard établir un lien avec l'élargissement de la Communauté européenne initiale («l'Europe des six») à un certain nombre de nouveaux États membres. Parmi ces nouveaux États membres, certains, à commencer par le Royaume-Uni, considéraient que les dépenses consenties en faveur de la PAC étaient exorbitantes. Par ailleurs, l'entrée dans l'Union européenne de pays tels que l'Espagne et, dans une moindre mesure, le Portugal, dans les années 1980, a encore compliqué la situation, en entraînant pour certains produits une surproduction encore plus marquée. Les élargissements successifs de l'Union européenne ont fait perdre à la France une partie de son influence qui, dans les 15 premières années de la construction européenne, avait été déterminante. Au sein de la Commission européenne des années 1960, et même au-delà, chacun savait que la France considérait que la politique agricole commune était un domaine sur lequel elle entendait exercer une surveillance jalouse. La France, même si elle est restée la principale puissance agricole de l'Union européenne, ne pouvait plus jouer un rôle aussi décisif dans une Union européenne élargie (Burny, 2014).

Les réformes sont devenues ainsi inévitables. Compte tenu des enjeux politiques et financiers, elles n'ont été que progressivement introduites. Ces réformes successives ont cependant conduit à une transformation profonde de cette politique et par conséquent ont entraîné des bouleversements non moins profonds dans le secteur agricole belge et wallon (Ciaian, et al. 2010).

Nous commencerons par présenter les grands axes de la politique agricole commune et, bien entendu, par souligner les évolutions considérables que cette politique a connues.

Nous nous efforcerons alors de déterminer les conséquences à court et à plus long terme des évolutions de la politique européenne sur le secteur agricole de nos régions, et plus particulièrement sur l'évolution des prix fonciers agricoles.

Grands axes de la politique agricole commune

Quelques chiffres :

En 2014, le premier pilier de la PAC (soutien des prix agricoles et subventionnement de la production) représente 35% (45.5 milliards d'euros) du budget total de l'UE (130 milliards €) et 45% (58.5 milliards d'euros) si l'on inclut le deuxième pilier (développement rural) (Burny, 2014 & SPW, 2014).

La PAC représente une grande partie du revenu pour le fermier : en 2009 (année de mauvaise récolte), le revenu d'un agriculteur moyen provenait à 92% de la PAC ; en 2011 (année de bonne récolte), le revenu d'un agriculteur moyen provenait à 56% de la PAC (Burny, 2014).

Evolution des aides directes financières de la PAC :

Le premier pilier de la PAC est revu tous les 5-7 ans suivant l'évolution de l'agriculture et du monde qui l'entoure. La PAC doit aussi s'adapter au budget de l'Union européenne. Il est donc intéressant de rappeler les différentes évolutions que la PAC a connues et de tenter d'établir des liens entre ses évolutions et le prix des terres agricoles (Ciaian, Kancs, Swinnen, 2010).

PAC 2003-2007

La réforme de la PAC de juin 2003 est marquée par l'introduction de nouvelles mesures agro-environnementales. L'objectif consiste à passer graduellement d'un système d'agriculture intensive où la PAC avait pour but de maximiser la production agricole à un système d'agriculture extensive, plus respectueuse de l'environnement. Elle limite l'utilisation des intrants chimiques, ce qui a conduit par exemple en Belgique, à l'instauration d'une obligation, depuis le 25/11/2015, de l'obtention d'une « phytolicence » (Service public fédéral (SPF) Santé publique, Sécurité de la chaîne alimentaire et Environnement, Service Pesticides et Engrais, 2015).

La réforme de la PAC de 2003 est aussi caractérisée par l'adoption d'un nouveau concept: les DPU (droits au paiement unique) (Règlement (CE) n°73/2009). Les DPU ne sont pas liés à la production. Cette prime unique est calculée par exploitation en fonction des références historiques rapportées à la surface et est versée, qu'il y ait eu ou non production (Stévenne et al. 2009). Il s'agit donc bien de rompre avec la logique productiviste qui avait inspiré la PAC à ses origines. En Belgique et plus particulièrement en Wallonie, les montants attribués au titre des DPU ont été plus importants pour les cultures que pour les élevages et, au sein des élevages, le régime est plus favorable pour les régions laitières que pour les régions viandeuses.

PAC 2007-2013

Le budget de la PAC 2007-2013 s'élevait à 420.682 milliards €.

En 2009, la Belgique reçoit 1.37% du Budget de la PAC (soit environ 0.8 milliards d'€ pour les 2 piliers confondus et donc environ 0.7 milliards d'euro pour le premier pilier qui nous intéresse plus directement (Commission européenne, 2013).

En 2012, pour les terres de culture, le DPU moyen en Belgique vaut 425€/ha, pour l'élevage bovin laitier : 298€/h et pour l'élevage bovin viandeux 230€/ha (Burny, 2014).

PAC 2015-2020

Tout récemment, le système a fait l'objet d'une réforme mue notamment par des préoccupations environnementales (SPW, 2014).

Cette nouvelle PAC est applicable depuis le 1er janvier 2015. Elle se caractérise par un budget en baisse et un nouveau mode de répartition des aides. Au titre du premier pilier, les agriculteurs auront accès à trois dispositifs obligatoires : le paiement de base qui est une évolution des DPU, le paiement vert et le paiement jeune agriculteur.

Le paiement vert est particulièrement intéressant pour notre recherche. Il témoigne d'une évolution de la PAC qui risque de s'intensifier d'année en année. Pour bénéficier de ce paiement, il faut remplir certaines conditions. Les terres arables d'une exploitation doivent, entre autres, comprendre un minimum de 5% de surface d'intérêt écologique (SIE), les agriculteurs doivent aussi diversifier leurs cultures (Burny, 2014). S'il ne respecte pas ces règles, l'agriculteur ne recevra pas le paiement vert qui représentera en moyenne pour l'année 2015 en Wallonie 115€/ha sur les 384€/ha (aide totale) soit 30% du montant global de la PAC. Cela signifie que l'agriculteur se voit obligé de réduire ses productions pour recevoir ses primes vertes, du moins en théorie, puisque les SIE comprennent aussi les "engrais verts" (appelés SIPAN) semés après récolte en vue d'une amélioration du sol. Cette mesure n'implique pas une baisse de production. Par ailleurs, on peut aussi déclarer comme SIE des bordures de bois, des fossés... existants : il n'y aura donc pas non plus de perte de production dans ce cas (SPW, 2014).

Cependant et pour le moment, seuls 44.5% des agriculteurs wallons devront satisfaire à l'obligation de conserver 5% de leurs terres pour des surfaces d'intérêt écologique. Car les autres agriculteurs (55.5%) sont soit des agriculteurs qui font de l'exploitation biologique (Il s'agit souvent de plus petites exploitations), soit des agriculteurs qui ont une surface en terre arable inférieure à 15 hectares, ou qui ont essentiellement (plus de 75%) des prairies si toutefois les terres arables ne dépassent pas les 30 hectares (SPW, 2014).

Malgré tout, cette règle s'applique bien à 44.5% des agriculteurs : ceux qui possèdent les plus grandes surfaces agricoles en terre arable : 466.131 hectares (62% de la SAU sont ainsi possédés par 44.5% des agriculteurs) contre 280.091 hectares (38% de la SAU possédés par 55.5% des agriculteurs).

La réforme de l'UE se traduit par une nette diminution globale des budgets pour les aides. Le budget de la PAC 2015-2020 est de 373.179 milliards €. Ce chiffre représente une diminution de 12% par rapport au budget alloué à la PAC 2007-2013 (Commission européenne, 2015).

D'année en année, l'enveloppe disponible va être réduite.

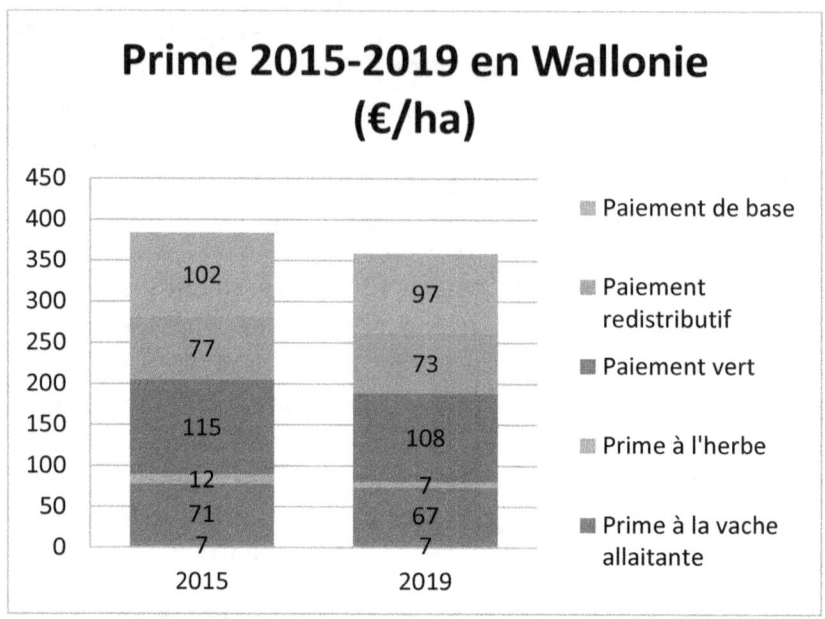

Source : SIGEC (2012)

PAC à partir de 2021 :

Les instances communautaires ont prévu une nouvelle révision de la PAC à partir de 2021. Il est évidemment impossible à ce stade de connaître les grandes orientations de cette PAC post-2021.

Néanmoins, compte tenu des difficultés actuelles du projet européen, de la montée en puissance des mouvements de type populiste, voire nationaliste, dans un certain nombre de pays de l'Union, et, bien entendu, des difficultés économiques et budgétaires persistantes dans la grande majorité des États membres, tout porte à penser que la construction européenne ne devrait pas enregistrer d'évolution majeure allant dans le sens d'une augmentation des budgets communautaires.

Dans ces conditions, tout porte également à penser que les subventions accordées au secteur agricole devraient continuer à subir des mesures de réduction des dépenses. Il est donc difficile d'imaginer que les agriculteurs belges et notamment wallons puissent bénéficier après 2021 de subventions communautaires significativement plus importantes que celles dont ils bénéficient aujourd'hui. Tout porte à croire plutôt que ces subventions sont appelées à se réduire encore...

Cette baisse probable des interventions de la PAC en faveur des agriculteurs belges et wallons a bien entendu un impact, difficilement quantifiable à ce stade, sur les perspectives offertes par le foncier agricole à l'investisseur.

Conclusion

L'impact très important de la PAC sur le revenu agricole nous a été confirmé par différents acteurs du secteur que nous avons pu rencontrer et qui soulignent à quel point, cette politique a contribué pendant de nombreuses années à enrichir les agriculteurs. Malgré les réformes plus récentes, le revenu de l'agriculteur reste tributaire de la PAC au moins autant que du prix international de la culture qu'il produit - le secteur laitier, où l'Union européenne a mis fin au système des quotas qui protégeaient dans une certaine mesure les producteurs européens de la concurrence internationale fait à cet égard figure d'exception, en tout cas pour l'instant...

Or, quand un agriculteur engrange des bénéfices, il investit presque systématiquement dans l'achat de nouvelles terres ou de machines et bâtiments qui le conduiront in fine à devoir étendre son exploitation et donc à devoir acheter de nouvelles terres agricoles (DGSIE 2015).

Cependant, et quelle que soit l'importance de la PAC, il convient de ne pas perdre de vue que le rendement des terres grâce à la PAC n'est pas le facteur principal qui expliquerait le niveau prix des terres agricoles. Si c'était le cas, les prix des terres des autres pays de l'Union européenne auraient également connu une progression considérable. Or le prix des terres agricoles en Belgique est largement supérieur aux prix observés dans la plupart des autres pays de l'Union.

S'il est vrai que la PAC n'exerce pas d'influence directe sur le prix des terrains fonciers agricoles, sa mise en œuvre a néanmoins profondément bouleversé le secteur agricole. La PAC a permis un certain nombre d'agriculteurs de s'enrichir plus ou moins considérablement. Dès lors, ces agriculteurs ont été en mesure d'étendre leur domaine par l'acquisition de terres. Nous avons déjà relevé plus haut ce mouvement de concentration que l'on observe dans l'agriculture belge. Se pose alors le problème de la succession. Rares sont les familles d'agriculteurs où un héritier a encore les moyens de reprendre l'exploitation agricole familiale en rachetant leur part aux autres héritiers. L'augmentation de la valeur des terres rend en effet la succession plus onéreuse pour le repreneur. Quant aux autres héritiers, peu attirés par une prolongation de l'exploitation agricole, ils auront tendance à vouloir profiter du produit de la vente de leur part. Il n'est pas interdit d'imaginer, selon Lionel le Hardÿ, qu'à terme, la progression rapide du prix des terres agricoles connaisse une sorte d'éclatement de la « bulle », si un nombre élevé de terres se trouvent alors proposés à la vente sur le marché.

1.2. Rendement

Le prix des céréales, à l'image du prix du lait et d'autres produits agricoles, est internationalisé (Louppe et Goffart, 2014). Ce sont les bourses de Chicago, Paris et Londres qui fixent le prix de nos céréales. Les fluctuations de prix sont importantes et doivent être prises en compte par les agriculteurs en stockant leur blé dans de grandes cuves. Ils attendent le moment opportun pour vendre leurs céréales au moment le plus opportun. La situation météorologique (intempéries...) tout autant que le travail des traders, exerce donc un impact conséquent sur le revenu des agriculteurs et sur leur manière de travailler. Pour anticiper le prix du blé en Belgique, il faut regarder la veille la « bourse » de Chicago (Van Stappen et al. 2014).

Rendement de quelques cultures (100 kg/ha)

Rendement (100kg/ha)	1998	2008	2013	2007-2008 Répartition des cultures
Froment d'hiver	81.4	84.6	92.5	36%
Orge d'hiver	72.7	79.9	85.1	10%
Maïs grain récolté sec	97.2	97.1	85.1	1%
Pommes de terre de conservation	421.1	461.8	465.9	8%
Betteraves sucrières	569.2	688.2	799	12%
Chicorée pour l'inuline	394.4	412	470	2%
Maïs fourrage	-	501	450.6	16%
Prairies temporaires fauchées	83.5	86.9	83.3	7%

Sources : DGSIE 2011-DGSIE (2015)

Ces différentes cultures (Van Stappen et al. 2014) représentent ensemble 92% des surfaces des terres arables. Les 8% de culture restantes pour lesquelles nous n'avons pas trouvé de statistique représentent le colza pour 3%, le lin pour 2%, et l'épeautre pour 3%.

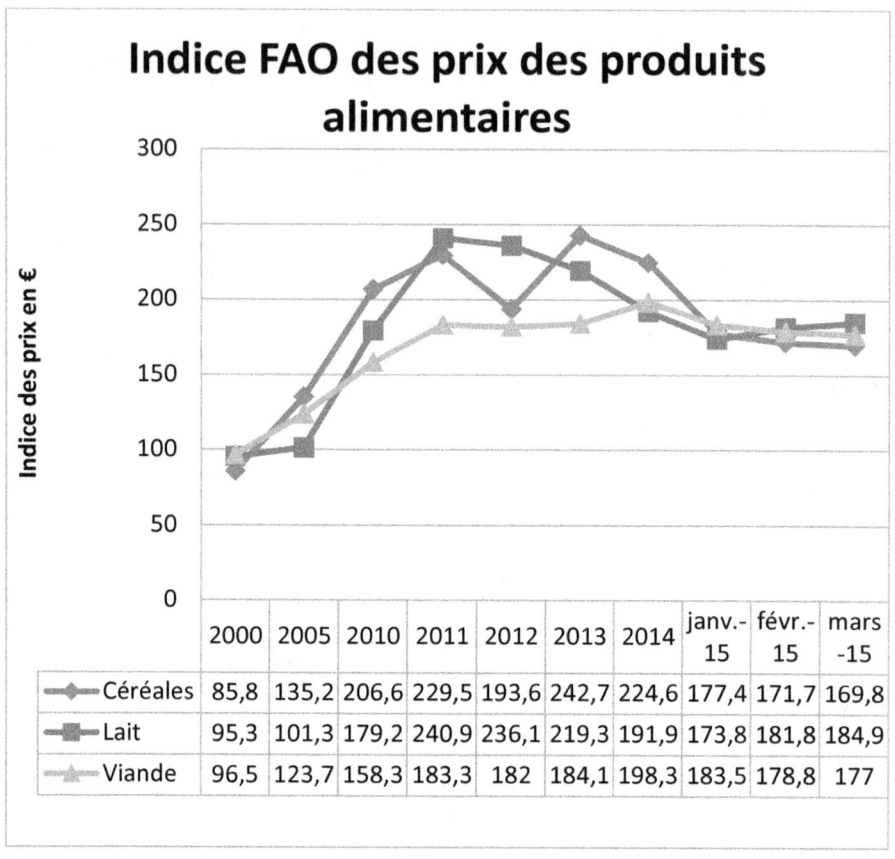

Indice FAO des prix des produits alimentaires

	2000	2005	2010	2011	2012	2013	2014	janv.-15	févr.-15	mars-15
Céréales	85,8	135,2	206,6	229,5	193,6	242,7	224,6	177,4	171,7	169,8
Lait	95,3	101,3	179,2	240,9	236,1	219,3	191,9	173,8	181,8	184,9
Viande	96,5	123,7	158,3	183,3	182	184,1	198,3	183,5	178,8	177

Source : FAO (2015)

L'indice FAO (Food and Agriculture Organization) étudie l'évolution des prix des produits alimentaires agricoles en fonction d'une moyenne sur la période 2002-2004. Les valeurs de ce graphique signifient par exemple que pour l'année 2014, les prix d'un panier de céréales vaut 124.6% en plus que la valeur moyenne pondérée des années entre 2002 et 2004.

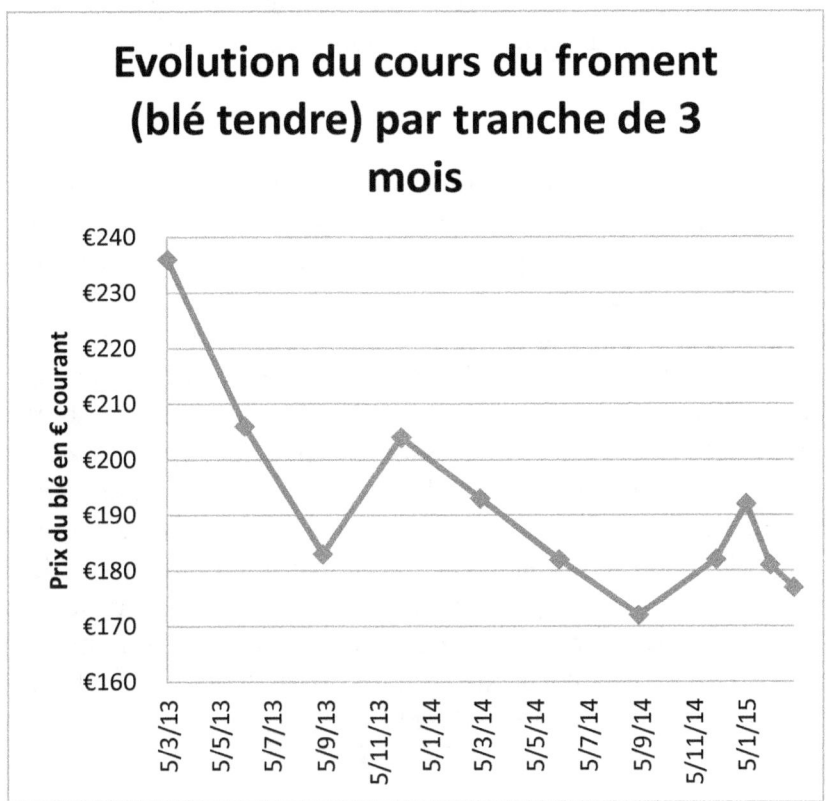

Source : Revenu Agricole (2015)

Nous avons choisi de nous focaliser sur le prix d'une seule céréale, à savoir le froment (Van Stappen et al. 2014) parce qu'il représente la part la plus importante de la culture en Wallonie en termes de surface mais aussi en termes de tonnage avec 36% des terres arables wallonnes (cfr supra p.39).

Il faut souligner que par souci de clarté et de lisibilité, nous avons uniquement enregistré dans ce graphique l'ouverture du cours du froment d'abord tous les 3 mois en commençant par mars 2013 puis tous les mois entre janvier et mars 2015. Pour des informations plus précises, voir le site revenuagricole.fr.

Pour nous rendre compte du degré de variations par jour, il est intéressant de noter qu'en ce début d'année 2015 (janvier-15 avril), le cours du blé a connu des variations oscillant entre 0 et 4 € par jour.

Coût de production

La main d'œuvre (EuroStat, 2014) représente un coût non négligeable qu'un gros exploitant doit prendre en compte. Par ailleurs, le secteur agricole en Belgique se caractérise par une tendance à un suréquipement des agriculteurs comme en témoigne l'augmentation du nombre de tracteurs en Belgique (DGSIE, 2015). On rencontre pour des petites surfaces beaucoup trop de machines (des moissonneuses batteuses avec de gigantesques barres de coupe, des tracteurs ultra puissants...) (DGSIE, 2015). La rareté du terrain, sur laquelle nous allons revenir, peut également être considérée comme une des raisons de ce suréquipement : l'agriculteur qui cherche avant tout à investir son bénéfice dans son secteur d'activité, ne pouvant pas toujours jeter son dévolu sur de nouvelles acquisitions de terre, utilise alors les liquidités dont il dispose pour faire l'acquisition d'un matériel supplémentaire, dont l'utilité n'est pas toujours évidente.

II. Aspects financiers

Introduction

Comme tout placement, l'investissement foncier agricole représente un choix qui conduit à privilégier une forme de placement par rapport à d'autres. Il y a donc lieu de se demander en quoi les évolutions qui touchent les formes classiques de placement peuvent avoir une influence sur la décision d'un investissement dans le foncier agricole.

La faiblesse des alternatives : une chance pour l'investissement foncier agricole ?

À cet égard, des éléments comme le rendement des placements dits « sûrs » tels que les bons d'État ou autre titres souverains, mais aussi l'évolution de l'inflation constituent des facteurs dont il faut tenir compte.

Depuis un certain nombre de mois maintenant, la Belgique comme les autres pays de l'Union européenne connaît une situation de faiblesse des taux d'intérêt conjugué à un niveau particulièrement faible d'inflation. C'est ainsi que les bons d'Etat de la Belgique émises le 4/03/2015 à 8 ans rapportent à peine 0.30% par an. Celles à 10 ans rapportent 0.60% par an (Belgian Federal Government, 2015).

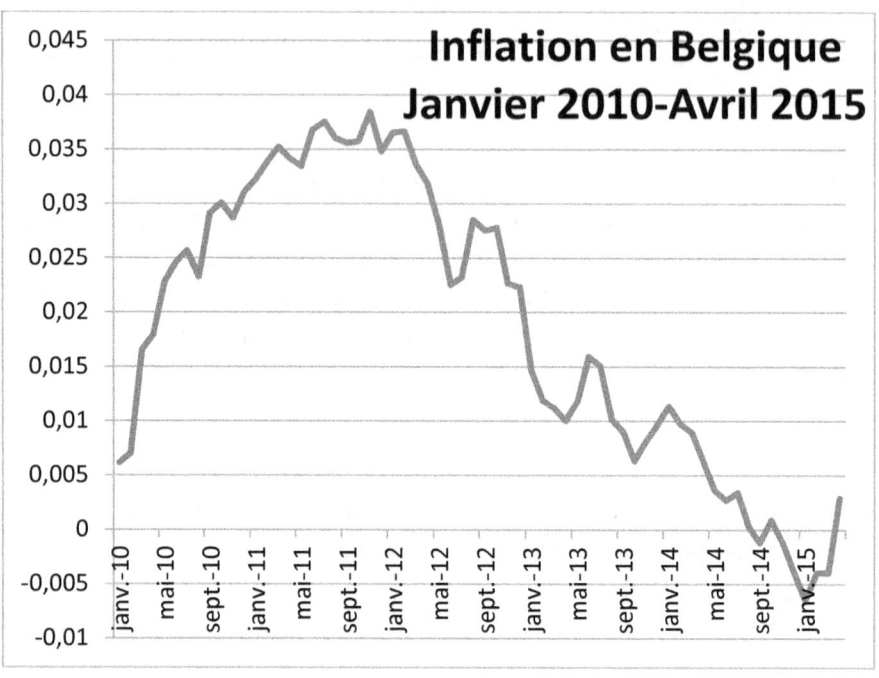

Sources : Données issues de la DGSIE (2015)

Sur le plan de l'inflation, le graphique ci-dessus indique clairement la situation très particulière dans laquelle la Belgique et les pays voisins se situent actuellement. L'inflation aujourd'hui est négative en mars 2015 (-003971%) et légèrement positive en avril 2015 (0.002888%)

Sur le plan des placements, le très faible niveau de l'inflation doit évidemment être pris en considération pour estimer l'intérêt réel d'un placement. Cependant, même si l'inflation est quasi nulle, le rendement effectif des placements obligataires reste décevant. Et nous ne parlons même pas des traditionnels livrets d'épargne, qui sont fort appréciés par l'épargnant belge moyen mais qui n'offrent depuis un certain temps que les intérêts dérisoires.

Dans ce contexte, l'investisseur se tournera alors plus volontiers vers des produits plus rentables comme les actions. Mais, comme chacun le sait, ces produits n'offrent aucune garantie de protection du capital. Les accès brutaux de faiblesse des places boursières auxquels nous avons a assisté à intervalles plus ou moins réguliers au cours des dernières décennies et en particulier lors de la crise de 2008 font qu'un investisseur soucieux de ne pas prendre trop de risques ne se hasardera pas trop sur ces marchés et cherchera à conserver au moins une partie de ce qu'il peut investir pour des placements moins risqués.

L'immobilier constitue évidemment une alternative qui peut séduire. Mais la forte hausse de l'immobilier qu'a connue la Belgique depuis une assez longue période semble aujourd'hui connaître un coup d'arrêt. Il n'existe pas de consensus entre les économistes sur l'existence ou non d'une « bulle » immobilière en Belgique comme on en a connu dans d'autres pays, bulle qui, en éclatant, pourrait faire beaucoup de dégâts...

Dans un tel contexte, que nous avons brossé à très grands traits, quelle place réserver alors à l'investissement foncier agricole ?

Nous avons déjà signalé le problème posé par la difficulté de connaître l'évolution récente du prix des terres. Néanmoins, les observateurs s'accordent sur l'idée d'une hausse des prix au cours de ces dernières années. La question est alors de savoir si cette hausse, provoquée évidemment par une demande plus importante, peut s'expliquer par le choix délibéré d'un certain nombre d'acheteurs de procéder à des achats de terre plutôt que d'utiliser les moyens dont il dispose en faveur d'autres types de placements.

La faiblesse des alternatives de placement : un poids difficile à préciser

La fin des années 1970 avait été caractérisée en Belgique par une très forte inflation et par une augmentation sensible du prix des terres agricoles en particulier celles destinées à la culture. En revanche, l'augmentation du prix des terres à laquelle on a assisté depuis le début du XXIe siècle ne s'est pas déroulée dans un contexte de forte poussée inflationniste. Il n'apparaît donc pas que l'on puisse établir une corrélation simple entre les deux phénomènes. Cependant, de l'avis d'acteurs du terrain, un des motifs de la hausse actuelle des prix des terrains agricoles serait l'absence de placements alternatifs plus séduisants. Sachant que, comme nous l'avons dit, la très grande majorité des achats de terrains agricoles sont le fait d'agriculteurs, il semble bien que le contexte financier actuel a plutôt tendance à inciter ces agriculteurs, plus que jamais, à investir les moyens dont ils disposent éventuellement à l'extension de leur domaine.

Il faut veiller toutefois à ne pas oublier un autre élément-clé : l'impact de la politique agricole commune. Même si la PAC, comme nous l'avons vu, ne s'inscrit plus dans la logique productiviste de ses débuts, les dernières réformes en date n'ont pas mis fin à la situation qui voit proportionnellement les grosses entreprises agricoles bénéficier davantage des aides européennes que les exploitations de taille plus modeste. Il serait donc difficile de délimiter exactement la part, dans la hausse des prix des terres agricoles de ce facteur PAC, par rapport au facteur représenté par le côté peu attractif ou trop risqué des formes alternatives de placement.

En tout état de cause, la faiblesse des taux d'intérêt est un élément qui favorise l'investisseur qui doit recourir à l'emprunt pour finaliser son opération d'achat. Cet élément, dont l'impact sur la situation des prix dans l'immobilier résidentiel est bien connu, doit également jouer dans le cadre d'opérations d'achat de terres agricoles. Il s'agit là d'un facteur supplémentaire qui rend difficile une appréhension fine de la part prise par chacun de ces éléments dans la bonne tenue des prix des terrains fonciers agricoles.

Évolution des 5 dernières années sur les taux moyens pour les crédits logements en Belgique :

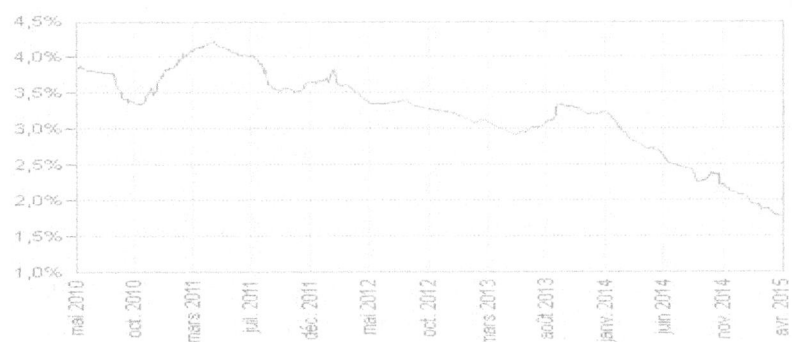

Source : Immotheker (2015)

III. Rareté du terrain

3.1. Densité de la population

Une partie importante de la Belgique connaît une situation de rareté relative des terres agricoles à cause d'un accroissement des zones industrielles ou d'habitation et à cause de la périurbanisation (cfr supra p.21) (Délécluse, Hanin, 2001).

Les régions qui ont la plus importante densité de population sont les régions qui sont les plus chères à cause d'un alignement relatif sur le prix des terrains à bâtir (DGSIE, 2007).

La distance entre les biens fonciers et les zones urbaines a une influence importante sur les prix. Ainsi les biens fonciers situés en zone urbanisable auront évidement des prix se rapprochant du prix des terrains constructibles et qui n'ont plus rien avoir avec les niveaux de prix des terres agricoles. Ce phénomène est d'autant plus vrai lorsque la probabilité que le terrain se transforme en zone constructible augmente. Et les terrains situés en zone d'aménagement différée verront la demande augmenter au fur et à mesure que la ville se rapproche des terres en questions (Boikete, 2012).

Ce phénomène d'augmentation des prix grâce à la possibilité de transformation en terrain constructible est très marqué à cause de la différence importante entre les prix des terrains à bâtir et les prix des terres agricoles.

Prix (€/m²)	1975	1983	1993	2000	2003
Terrains à bâtir	8.80	16.06	25.57	38.50	56.7
Terrains industriel	2.83	7.29	11.95	20.76	23.97
Culture	0.76	1.05	1.20	1.46	1.64
Prairie	0.66	0.90	1.96	1.23	1.44

Source : DGSIE (2005)

3.2.   Bail à ferme

Quand une terre se trouve en bail à ferme, la terre n'est plus « accessible ». C'est-à-dire que, même s'il est vrai qu'une terre occupée en bail à ferme peut être vendue, plus il y a de baux à ferme, moins il y a de terres susceptibles de rentrer dans le marché de la vente au prix « normal », c'est-à-dire celui d'un bien qui n'est pas grevé par l'existence d'un bail à ferme... (Stévenne et al. 2009). En effet, lorsqu'un terrain est vendu alors qu'il est sous bail à ferme, la vente en question peut s'établir à un prix qui sera environ deux fois moins élevé que celui qui aurait été offert pour une même terre sans le bail à ferme ; la terre est alors dite « libre ».

« *La somme demandée par le bailleur au locataire pour l'usage des terres agricoles ne peut être supérieure au montant que la loi du bail à ferme, ainsi que la loi sur la limitation des fermages ne l'y autorisent* ». (Loi du 4 novembre 1969, articles 17 à 23).

Il faut savoir que le locataire du terrain dispose d'un droit de préemption si le propriétaire met son bien en vente (entretien Johnny de Cumont). Le bail à ferme ou plus spécifiquement le fermage, donne un droit presque perpétuel au locataire. Il peut même léguer les terres dont il est locataire à son fils. Pour un propriétaire, il est pratiquement impossible de récupérer ses terres quand elles sont mises en bail à ferme. C'est pour cela que le propriétaire évitera toujours de louer ses terres et préfèrera trouver une autre solution pour son exploitation (Stévenne et al. 2009).

Une alternative pour le propriétaire peut être la création d'une société à son nom qui exploitera ses terres pour lui, ou alors demander à une société comme AGRILAND de s'occuper de l'exploitation de ses terres. Une des particularités intéressante d'une société comme AGRILAND est la garantie que la terre restera libre. Ainsi, le propriétaire pourra être totalement libre et à tout moment vendre ses terres à qui bon lui semble.

Le bail à ferme est tellement intéressant pour le locataire que cela a engendré le « pas-de-porte » (appelé également le chapeau). C'est une grosse somme d'argent (souvent calculée par hectare) que l'on met « sous la porte » pour être le locataire suivant du bail à ferme. C'est en quelque sorte un pot de vin qui est en réalité illégal et exagéré. C'est une somme importante qui corrige le faible coût du bail à ferme.

Le bail à ferme a une incidence directe sur le prix des terres agricoles car personne ne souhaite acheter une terre qui se trouve en bail à ferme car cela équivaut à acheter un bien sans en avoir le contrôle et sans savoir quand on peut retrouver le contrôle puisque un bail à ferme peut être renouvelé par l'agriculteur ou transmis par le pas de porte. Ainsi une même terre avec bail à ferme peut valoir la moitié de son prix sans bail à ferme.

Le bail à ferme a aussi une incidence indirecte sur le prix des terres agricoles car la loi sur le bail à ferme rend l'achat d'une terre moins attrayante d'un point de vue financier pour le propriétaire et la location plus intéressante pour le locataire.

Il faut donc être attentif aux évolutions futures de la législation sur le bail à ferme. Cette législation pourrait en effet évoluer ces prochaines années à cause des problèmes que le bail à ferme a engendrés et des plaintes de certains propriétaires.

Il arrive aussi que des locataires critiquent la formule qui leur bloque l'accès à la terre, à cause des propriétaires qui préfèrent éviter la location aux agriculteurs locataires, à cause de la sévérité de la législation du bail à ferme qui, comme nous l'avons vu, protège abusivement le locataire (DAEA, 2013).

Le cadre législatif a pour effet de créer une différence dans les situations respectives de l'acquéreur agriculteur et de l'acquéreur non agriculteur. En effet, un renom de trois ans minimum est possible pour l'agriculteur qui achète une terre en bail à ferme. Par conséquent, si l'achat d'une terre en bail à ferme n'est pas intéressant pour un investisseur non agriculteur, qui aura peu de chances de se retrouver rapidement en possession d'une terre « libre », sans bail à ferme, cet achat peut s'avérer une opportunité pour l'agriculteur qui paiera un prix inférieur au prix qu'il aurait dû payer si la terre était libre.

Il faut rappeler à cet égard qu'au moins jusqu'au milieu des années 2000, la plupart des agriculteurs actifs en Wallonie n'étaient pas propriétaires. C'est ainsi que Thomas Chevau pouvait indiquer en 2007 dans son mémoire : « *la tendance au sein du monde des agriculteurs n'est vraisemblablement pas de cultiver ses propres propriétés* ». Thomas Chevau continuait en se posant la question de savoir pourquoi les agriculteurs n'étaient pas plus intéressés par l'acquisition de terres. Dans sa réponse, il évoquait deux éléments essentiels : « *la loi sur les baux à terres agricoles qui protège les agriculteurs* » et « *un rendement peu élevé et fixé qui n'encourage pas l'investissement (trop cher pour l'agriculteur)* ».

Il convient tout d'abord de préciser que l'analyse de Thomas Chevau remonte à près d'une dizaine d'années et que la situation, d'après les acteurs du secteur que nous avons pu interroger, a tendance à évoluer dans le sens d'un accroissement de la part des agriculteurs-propriétaires. Néanmoins, cette analyse met le doigt sur le rôle essentiel de la loi sur le bail à ferme. Aujourd'hui, l'agriculteur est protégé par la loi et le propriétaire se trouve placé dans une situation beaucoup moins confortable qu'autrefois.

3.3. Natura 2000 et autres classements

Le réseau de l'Union Européenne Natura 2000 rassemble des zones naturelles protégées en fonction des directives européennes "Oiseaux" et "Habitats" pour protéger une partie de la faune et la flore des pays de l'Union (Wallonie.be, 2015).

Début 2015, en Wallonie, Natura 2000 couvre 220.944 hectares répartis sur 240 sites (Belgium.be, 2015). Ce chiffre représente 7,2

´% de la surface de la Belgique qui est, rappelons-le, de 3 052 800 ha. (Ce chiffre représente 13% de la surface de la Wallonie)

L'Union européenne donne comme objectif le classement de 10% en zones Natura 2000 pour chaque pays membre au départ ; cet objectif aurait dû être atteint avant l'an 2000 (Entretien avec Lionel le Hardÿ).

Quand une terre est classée en zone Natura 2000, l'agriculteur ou le propriétaire du bien doit suivre un cahier des charges imposé par l'Union européenne. Il perd donc la possibilité d'exploiter ses terres comme il l'entend.

Les caractéristiques de la géographie de la Belgique font que dans notre pays, les agriculteurs sont proportionnellement plus affectés par l'existence des zones Natura 2000 que leurs homologues européens. La France par exemple peut inclure des zones de montagne, où l'agriculture est inexistante ou fort peu développés comme les Alpes et les Pyrénées, dans son total de zones Natura 2000 pour arriver aux 10% exigés par l'Union européenne.

La Belgique ne dispose évidemment pas de cette possibilité. Autrement dit, des zones propres à l'exploitation agricole sont davantage touchées.

Natura 2000 n'est qu'un exemple parmi d'autres. Il y a d'autres types de classements qui empêchent l'agriculteur d'exploiter ses terres comme il le souhaite : Zones de pompage d'eau, zones soumises à des règles spécifiques lors des périodes de nichées...

Tous ces classements rendent ces terres inintéressantes pour l'agriculteur qui voit ses terres comme une source de revenu qu'il ne peut pas exploiter.

Les terres figurant dans le périmètre Natura 2000 auront donc tendance à être moins attractives pour la plupart des agriculteurs et investisseurs, ce qui en fera baisser le prix. Parallèlement l'existence de ces terres Natura 2000 entraîne un effet opposé, car la raréfaction relative des terres disponibles hors Natura 2000, a pour conséquence de favoriser une hausse des prix des terrains en question.

Les conséquences du dispositif Natura 2000 sur le prix des biens fonciers agricoles qu'il concerne sont donc importantes puisque l'impact sur les prix ne concerne pas que ces terres soumises à des règles. Ces terres classées ont aussi un effet sur le prix des autres terres car ils les rendent plus rares.

3.4. Prix des terres en fonction de la superficie vendue

La valeur de l'hectare de terre varie également en fonction des dimensions des terres qui font l'objet de la transaction. Pour un agriculteur, mobiliser des moyens importants sur une petite surface est moins rentable que lorsque la surface à exploiter est plus élevée (Boikete, 2012).

Les progrès techniques gigantesques accomplis au cours des dernières décennies ont inévitablement un impact sur le prix des terres agricoles. L'agriculteur peut ainsi utiliser de nouvelles moissonneuses batteuses avec des barres de coupe de 10 mètres capables de ramasser plus de deux hectares à l'heure, ce qui représente environ 20 tonnes à l'heure (200 tonnes de blé après une journée de 10 heures) (entretien Jean de Quatrebarbes, 2015). Dans ces circonstances, l'amortissement de ce matériel coûteux est d'autant plus rapide que les surfaces à exploiter sont plus élevées (Boikete, 2012).

Une telle situation peut inciter l'agriculteur à chercher à étendre les limites de son exploitation pour mieux rentabiliser son matériel. Les acteurs de terrain que nous avons pu interroger soulignent par ailleurs que ce phénomène correspond à deux traits psychologiques très répandus chez l'agriculteur: l'envie d'augmenter sa production grâce à un matériel plus performant et l'envie d'étendre toujours plus son domaine. Comme nous le voyons, ces deux éléments se renforcent mutuellement et conduisent à un relatif suréquipement des agriculteurs belges (Entretien avec Jean de Quatrebarbes, 2015).

3.5.   Évolution de la qualité du sol

Plusieurs agronomes belge (entretien avec Joseph van der Stegen, février 2015) et français (Claude Bourguignon, 2015 ; Yvan Gautronneau, 2015 ; Christian Walter 2015 ; Dominique Arrouays, 2015) spécialisés dans le sol, tirent la sonnette d'alarme. Ils constatent un appauvrissement de l'humus (Jeandey, 2014).

La révolution verte, nous le rappelons, est une révolution dans la manière de produire et récolter les biens agricoles. Elle se développe et commence à prendre de plus en plus d'ampleur à partir de 1970. Une révolution qui a selon l'agronome Claude Bourguigon a été poussé par l'agro-industrie. En effet, la révolution verte se caractérise entre autres par l'utilisation de céréales à haut potentiel de production, d'engrais chimique et l'importance de l'irrigation (Sørensen & Spfeifer, 2014).

Cette révolution est largement critiquée par de nombreux agronomes spécialistes du sol dont Claude et Lydia Bourguignon, Yvan Gautronneau, Christian Walter, Dominique Arrouays. Selon ces agronomes, la révolution verte a détruit l'humus du sol en le labourant de manière excessive et en injectant des quantités excessives de produits phytopharmaceutiques et d'adjuvants.

La terre dans le cadre de l'agriculture agriculture dite "conventionnelle" devient de plus en plus pauvre (Sørensen & Spfeifer, 2014). Dès lors, un cercle vicieux apparaît : l'agriculteur doit injecter de plus en plus d'engrais, pesticides et autres produits phytopharmaceutiques. À leur tour, ces intrants continuent d'appauvrir le sol...

Ces agronomes préviennent les agriculteurs que le système de l'agriculture adopté depuis la révolution verte n'est à terme pas viable. Les terres en agriculture conventionnelle vont s'appauvrir de plus en plus.

L'étude approfondie des sols est récente et postérieure à la révolution verte et on observe déjà certaines mesures prises par l'Europe comme la phyto-licence qui deviendra obligatoire à partir du 25/11/2015 pour acheter, vendre ou utiliser des adjuvants ou des produits phytopharmaceutiques (SPF, 2015).

Quoi qu'il en soit, le processus de dégradation d'un certain nombre de sols, s'il se poursuit, entraînera mécaniquement une augmentation du prix de la valeur des sols encore de bonne qualité : si ces sols se font toujours plus rares, leur prix ne peut que croître d'autant.

3.6. Valeur de convenance

La valeur de convenance est la valeur qu'une personne donne à un bien en fonction de sa situation personnelle et des circonstances.

Il faut par conséquent se demander dans quelle mesure les valeurs qui sont en jeu dans certaines transactions portant sur des terres agricoles ne sont pas des valeurs de convenance.

L'existence d'une valeur de convenance peut alors expliquer le prix parfois élevé atteint par des terres agricoles dans certaines régions. Par exemple, si plusieurs agriculteurs voisins sont intéressés par une même parcelle de terrain, la valeur de la dite terre augmentera significativement parce que les agriculteurs préfèreront posséder des terres les plus proches des unes des autres.

L'esthétique du terrain joue aussi un rôle important dans cette valeur de convenance. On pense à la vue mais aussi aux arbres qui bordent les terrains agricoles, aux rivières qui traversent la propriété. Dans une certaine mesure, la valeur de convenance peut contrebalancer d'autres facteurs. C'est ainsi qu'un terrain isolé des centres industriels voit sa valeur baisser du fait de son éloignement mais peut également intéresser d'autres amateurs parce qu'il se situe à bonne distance des sources de nuisance sonore ou paysagère.

En Belgique, et tout particulièrement en Wallonie, la pratique de la chasse représente un élément important dans la valeur de convenance de certains terrains agricoles. Dans certains endroits, louer une chasse (« part de chasse ») peut s'avérer plus rentable que de louer une terre en bail à ferme, et il est possible de cumuler les deux formules.

La situation belge/wallonne présente des caractéristiques spécifiques, notamment par rapport à un pays comme la France. En France, les paysans constituent une partie importante des chasseurs, ce qui n'est pas le cas en Belgique, où les chasseurs appartiennent généralement à des milieux socio-économiques privilégiés possédant un pouvoir d'achat plus élevé, ce qui augmente d'autant la valeur de convenance.

Par ailleurs compte tenu de l'exiguïté relative du territoire belge/wallon, certaines règles en matière de superficie minimale des chasses peuvent avoir un impact important sur le prix : étant donné qu'on ne peut pas chasser sur les terres de moins de 50 ha, si un chasseur a seulement pu rassembler 40 ha pour ses chasses, il sera prêt à payer le prix fort pour obtenir les 10 ha qui lui manquent afin de pouvoir chasser (entretien Johnny de Cumont, 2015).

IV. Présence d'un successeur pour l'exploitation agricole

Des statistiques sur la présence d'un successeur pour l'exploitation agricole en Belgique et en Wallonie ont été élaborées par la DGSIE. Nous allons utiliser ces données statistiques pour évaluer le nombre de terrains qui seront mis en vente dans les prochaines années.

Source : DGSIE (2011)

Présence d'un successeur en Belgique	2000	2001	2002	2003	2004	2005	2006	2007	2008	2009
Oui	-	6 776	6 198	5 843	5 749	5 556	5 338	5 395	5 093	4 940
Exploitant âgé de plus de 50 ans	5 285	4 975	4 564	4 251	4 201	4 076	3 903	3 791	3 439	3 737
Exploitant âgé de moins de 50 ans	-	1 801	1 634	1 592	1 548	1 480	1 435	1 604	1 654	1 203
Non	-	25 526	25 344	24 598	23 070	22 622	21 436	20 091	18 479	17 227
Exploitant âgé de plus de 50 ans	17 259	17 160	17 074	16 593	15 713	15 578	15 035	13 869	12 317	**12 569**
Exploitant âgé de moins de 50 ans	-	8 366	8 270	8 005	7 357	7 044	6 401	6 222	6 162	4 658
Ne sait pas	-	23 700	22 104	21 139	20 929	19 801	19 398	18 740	18 709	18 164
Exploitant âgé de plus de 50 ans	9 721	7 606	7 094	6 924	7 167	6 893	6 965	6 321	6 297	7 665
Exploitant âgé de moins de 50 ans	-	16 094	15 010	14 215	13 762	12 908	12 433	12 419	12 412	10 499

Ces statistiques ne concernent pas les propriétaires mais bien les exploitants qui ne sont pas forcément propriétaires. Cependant, comme nous l'avons vu précédemment, si les exploitants ne sont pas toujours propriétaires, ils sont à défaut titulaires d'un bail à ferme qui signifie qu'ils ont le droit d'exploiter la terre et même de l'attribuer après leur retraite à un fils ou un neveu. Et vu l'importance du pas-de-porte, la présence ou non d'un successeur pour l'exploitant agricole en Wallonie a un effet important sur le prix des terres agricoles.

En 2001, le nombre d'exploitants âgés de plus de 50 ans s'élève à 29.741 sur les 56.002 exploitants. Soit 53.11% des agriculteurs. Parmi eux, seuls 17.1% ont un successeur.

En 2009, le nombre d'exploitants âgés de plus de 50 ans représentent 23.971 sur les 40.331 exploitants. Soit 59.44% des agriculteurs. Parmi eux, seuls 15.59% ont un successeur.

En 2013, seul 21% des exploitants âgés de plus de 50 ans ont un successeur. (40% des exploitants, se trouvent sans successeurs et 38% ne savent pas.

Successions des exploitants en Belgique de 50 ans et plus en 2013

Ne savent pas 38%

Avec successeur 21%

Sans successeur 41%

Source : Direction générale opérationnelle de l'agriculture, des ressources naturelles et de l'environnement. Département de l'Etude du milieu naturelle et agricole (2015)

Comment peut-on expliquer le fait qu'en 2013, le pourcentage des agriculteurs ayant un successeur soit supérieur au chiffre enregistré en 2001 et 2009 ?

Il n'est pas impossible que l'adoption d'une nouvelle législation favorisant la transmission de l'entreprise agricole à un enfant ou un autre membre de la famille (neveu) en termes d'absence de droits de succession ait eu un impact significatif en poussant un nombre un peu plus important de jeunes à reprendre le flambeau.

Quoi qu'il en soit, le nombre d'agriculteurs n'ayant pas de successeur reste très important. Qu'adviendra-t-il alors de leur terre lorsqu'ils cesseront l'activité pour cause de vieillesse ou de décès ? Le graphique ci-dessous nous montre que l'âge moyen de l'agriculteur en Wallonie est relativement élevé, ce qui signifie que le problème va se poser à relativement bref délai. Comment les prix évolueront-ils si les terres en question sont mises en masse sur le marché?

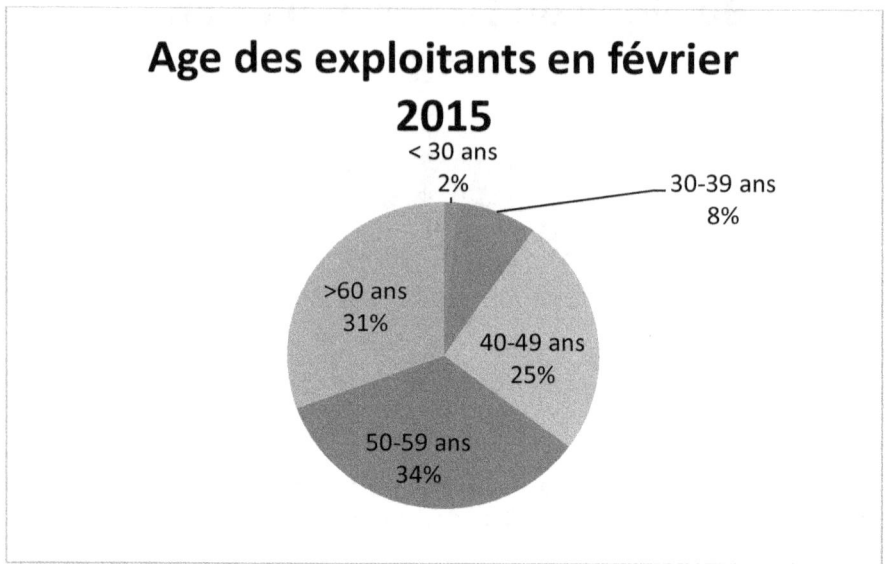

Source : Direction générale opérationnelle de l'agriculture, des ressources naturelles et de l'environnement. Département de l'Etude du milieu naturelle et agricole (2015)

La tranche d'âge qui possède la plus grande exploitation en Wallonie est celle de 40-49 ans. En âge confondu, voici le graphique ci-dessous de la dimension moyenne des exploitations en Wallonie selon la présence d'un successeur.

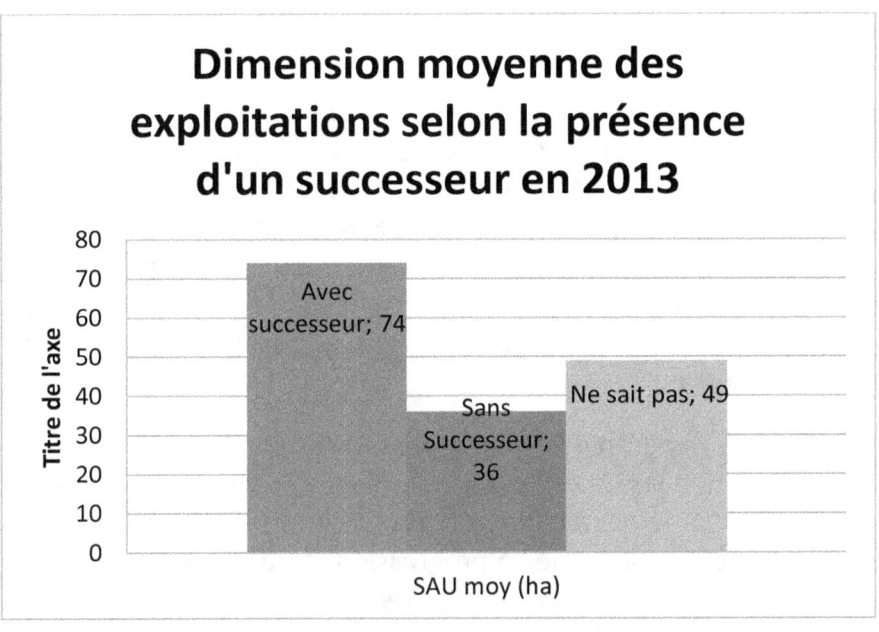

Dimension moyenne des exploitations selon la présence d'un successeur en 2013

(Titre de l'axe)

- Avec successeur; 74
- Sans Successeur; 36
- Ne sait pas; 49

SAU moy (ha)

Source : Direction générale opérationnelle de l'agriculture, des ressources naturelles et de l'environnement. Département de l'Etude du milieu naturelle et agricole (2015)

Ces chiffres de 2013, montrent (à condition que la Flandre suive la même tendance que la Wallonie quant à la dimension moyenne des exploitations et quant à l'âge des exploitants) qu'un total[8] d'environ 1.4 millions d'hectares de SAU en Belgique risque de se trouver ces prochaines années sans héritier. Ces terres feront augmenter l'offre de la terre agricole. Une vente qui se répartira bien sûr sur plusieurs décennies.

---

[8] Environ 42,5ha (Superficie des exploitants n'ayant pas d'héritier) multiplié par 79% (par des exploitants n'ayant pas d'héritier) de 42.833 exploitants totale de 2010 (A défaut d'avoir pu trouver le nombre d'exploitants en 2013, nous avons pris le nombre d'exploitants en 2010) = 1.438.117,98 ha

Même lorsque l'agriculteur a un héritier susceptible de reprendre l'exploitation, la question de la transmission peut continuer à poser problème.

En effet, suite à la fois à l'augmentation du prix des terres en moyenne et au processus de concentration que nous avons évoqué plus haut dans le présent travail, il devient difficile, en présence de plusieurs héritiers, que l'un d'entre eux ait financièrement les reins suffisamment solides pour désintéresser les autres héritiers et reprendre l'exploitation s'il lui faut pour cela « racheter » pour un prix considérable les participations des autres héritiers dans les terres en question.

En revanche, ces autres héritiers, peu attirés par une prolongation de l'exploitation agricole, auront tendance à vouloir profiter du produit de la vente de leur part. Il n'est pas interdit d'imaginer, selon Lionel le Hardÿ, qu'à terme, la progression rapide du prix des terres agricoles connaisse une sorte d'éclatement de la « bulle » compte tenu de l'importance des ventes.

Héritage

Les droits de succession ou de donation sont exonérés (SPW, 2015) pour les terres agricoles (considérées alors comme entreprises agricoles) au même titre que les entreprises. Cela est valable uniquement si l'héritage vient d'un fermier. (Possibilité de se faire embaucher par son fermier pour devenir légalement fermier).
Ce taux de 0% est donc (hormis quelques exceptions comme les zones Natura 2000, le peuplement forestier...) non valable pour les autres biens fonciers (terres de plaisance, propriétés privées de chasse et pêche, biens forestiers...).

CONCLUSION GÉNÉRALE

Parvenu au terme de notre recherche, quelles conclusions pouvons-nous tirer, et quelles réponses pouvons-nous apporter à la question que nous nous entendions traiter, celle de l'intérêt qu'un investissement dans des terres foncières agricoles, en particulier en Belgique/en Wallonie pouvait représenter pour un investisseur non agriculteur ?

Notre recherche était partie du constat de l'existence dans les médias d'une idée selon laquelle les terres agricoles représentaient une opportunité d'investissement particulièrement intéressante. Comme nous l'avons montré dans les pages qui précèdent, la réalité est bien plus nuancée et globalement peu conforme aux affirmations rapides des médias. Comment peut-on alors expliquer ce décalage ?

Nous avons dans un premier temps montré que l'idée reçue selon laquelle l'augmentation de la population mondiale allait mécaniquement faire progresser le prix des terres agricoles en raison d'une inadéquation toujours plus grande entre l'offre et la demande de denrées alimentaires ne correspondait pas à la réalité.

Nous avons ensuite pu identifier un certain nombre de spécificités de l'investissement agricole qui contribuent à relativiser l'intérêt qu'il peut présenter pour bon nombre d'investisseurs.

Tout placement s'effectue normalement dans la perspective d'un gain financier. Très schématiquement, il est possible de distinguer une catégorie d'investissements où les investissements ne génèrent des revenus qu'en cas de revente avec une plus-value. C'est le cas par exemple d'un investissement dans des lingots d'or. Seule la plus-value réalisée lors de la revente génère un revenu (il va de soi que la dimension de sécurité qu'offre un placement de ce type constitue un autre paramètre important dans la décision du placement).

À l'inverse, un investissement dans un immeuble à appartements, par exemple, même s'il permet une plus-value éventuelle en cas de revente, a avant tout pour but de générer des revenus plus ou moins importants indépendamment de la perspective de la plus-value. L'investissement dans les valeurs mobilières comme des actions peut également s'effectuer en tablant sur la production de revenus réguliers sous la forme de dividendes, mais il est généralement motivé davantage par la perspective d'une plus-value à la revente.

Comment se situe alors l'investissement foncier agricole dans ce paysage ? Comme nous l'avons vu, le revenu agricole est généralement assez faible en termes de rendements. Par conséquent, pour l'investisseur, la perspective de la réalisation d'une plus-value à la revente peut représenter un élément plus important dans son choix d'investissement que la perspective de percevoir un revenu agricole régulier généré par l'exploitation des terres qu'il possède ou par les fermages. Il va de soi que cette perspective de plus-value suppose que l'hypothèse d'une augmentation à long terme de la valeur des terrains agricoles se trouve confirmée dans les faits.

Quel scénario peut-on alors privilégier quant à cette augmentation de la valeur des terres agricoles, nécessaire pour justifier l'investissement ? Il existe un certain nombre d'éléments qui plaident en faveur d'une bonne tenue des prix des terres agricoles, mais il existe aussi d'autres éléments allant dans un sens opposé. Les facteurs propices à une bonne tenue des prix fonciers agricoles sont la permanence de la demande, le caractère de valeur refuge, le souci de diversification, une fiscalité avantageuse. Reprenons brièvement ces éléments.

a) Permanence de la demande

Quoi qu'il arrive, les gens continueront à se nourrir et malgré les évolutions de la technologie, pendant très longtemps encore, la base de l'alimentation pour l'immense majorité des habitants de cette planète sera fournie par l'agriculture. Le secteur primaire est le seul secteur qui représente des biens (céréales, viandes…) qui existent depuis toujours. Seules ses méthodes et ses outils de productions ont évolué. Dans les secteurs secondaire et tertiaire, les produits deviennent obsolètes, les entreprises font faillite pour donner naissances à des nouvelles conformément à la théorie de la destruction créatrice de Joseph Schumpeter.

b) Valeur-refuge

Lors des crises économiques, le prix des terres agricoles représente une valeur refuge car d'une part, une fois acquise, la terre ne disparaît pas (tout comme l'or) « un hectare reste un hectare » et, d'autre part, les revenus qu'elle génère ne s'effondrent pas en raison de la très faible élasticité de bon nombre de produits agricoles. C'est-à-dire que si le revenu des ménages diminue, les ménages continueront à se nourrir en achetant dans des proportions similaires de la nourriture. Des économies se feront alors sur d'autres produits que ceux de première nécessité (nourriture, logement et sécurité).

c) Diversification

L'investissement dans les terres agricoles constitue une manière de procéder à une diversification de ces placements. Dans cette perspective, un tel investissement peut venir compléter d'autres investissements offrant une rentabilité supérieure, mais qui sont davantage soumis à des fluctuations importantes et qui n'offrent pas la même sécurité à long terme.

d) Fiscalité avantageuse

Le régime fiscal auquel est soumis la propriété agricole, mais aussi sa transmission, est comparativement avantageux par rapport à celui d'autres formes de placement.

Faut-il donc en conclure que l'investissement agricole s'impose comme une solution attractive pour l'investisseur moyen ? Nous ne le pensons pas, car un certain nombre d'inconvénients doivent également être pris en considération : caractère illiquide, perturbations extérieures, prix élevé, risque d'une suroffre liée à la

a) Illiquidité

Le caractère très peu liquide de l'investissement agricole, que nous avons déjà évoqué plus haut et qui est lié notamment à l'existence d'une législation spécifique sur les baux à ferme, constitue un élément fondamental dont l'investisseur doit tenir compte avant d'opter pour un placement de ce type. Cette caractéristique de l'investissement foncier agricole fait qu'il est totalement à déconseiller à l'investisseur qui a besoin de pouvoir disposer rapidement des capitaux qu'il investit. L'horizon temporel est forcément de long terme.

b) Perturbations extérieures

Comme la plupart des activités économiques, l'agriculture est exposée à un certain nombre de perturbations extérieures, parfois imprévisibles, et qui sont susceptibles d'avoir une influence considérable sur la rentabilité de l'activité en question.

Dans le cas de l'agriculture, il existe un certain nombre de ces « perturbations extérieures » spécifiques, à commencer par l'influence de la réglementation, tout particulièrement de la réglementation européenne, dans le cadre de la « politique agricole commune » (PAC).

Enfin, les interventions des pouvoirs publics, notamment en matière de sécurité alimentaire, mais aussi de fiscalité agricole, de baux, etc., peuvent entraîner des conséquences significatives sur la rentabilité de l'activité, et même sur le prix des terres elles-mêmes. Un exemple récent nous a été donné par l'adoption par la Région wallonne, le 26 mars 2014, d'un décret établissant le premier code wallon de l'agriculture. Ce code prévoit la création d'une banque foncière qui organisera une gestion centralisée des biens immobiliers agricoles à l'image de la SAFER en France. Nous avons vu les conséquences sur le prix des terres agricoles du droit de préemption que bénéficie la SAFER en France. On est alors en droit de se demander si un dispositif du même ordre n'aura pas en Wallonie également une incidence plus ou moins nette sur les prix des terrains agricoles...

c) Prix élevé

D'après notre analyse sur la rentabilité des terres agricoles pour un agriculteur propriétaire (1.94%), le prix de la terre agricole semble avoir atteint un plafond.

En effet, étant donné qu'environ 80% des achats de la terre agricole sont achetés par les agriculteurs, on peut en déduire que la terre ne peut pas monter davantage car elle doit garantir un revenu minimum à l'agriculteur.

d) Problématique de la succession

Comme nous l'avons vu dans notre analyse, les terres agricoles ont connu une augmentation importante de leur prix au cours de ces dernières années.

En même temps, le nombre d'agriculteurs continue de se réduire. Une proportion significative de ces agriculteurs n'a pas de successeur désireux de reprendre l'exploitation. De plus, la hausse de la valeur des terres a pour effet de rendre plus difficile la transmission ; comme nous l'avons déjà signalé, l'héritier qui voudrait éventuellement reprendre l'exploitation doit débourser des sommes plus importantes pour racheter la part des autres héritiers qui ne tiennent pas à poursuivre l'activité. Par conséquent, on peut penser que de plus en plus de terres seront à vendre, ce qui devrait peser à la baisse sur leur prix.

Tout bien pesé, ces différents éléments conduisent plutôt à penser que la dynamique de hausse des prix des terrains agricoles que l'on a connue en Belgique est davantage appelée à s'essouffler plutôt qu'à se poursuivre. Les agriculteurs ont bénéficié de revenus plus élevés grâce à la PAC et, pour certains, de la hausse du prix de certaines productions, notamment les céréales. C'est ce surplus de pouvoir d'achat qui leur a permis d'acquérir de nouvelles terres ou de racheter leur terre à leur propriétaire. Mais, comme nous venons de le rappeler, c'est justement et paradoxalement cette élévation du prix des terres qui va rendre la transmission de l'entreprise agricole plus difficile et qui peut entraîner, à terme, une augmentation de l'offre et donc une baisse des prix...

Faut-il pour autant conclure que l'investissement foncier agricole constitue une fausse bonne idée et qu'il convient de le déconseiller dans tous les cas ? Nous ne le pensons pas. Notre objectif a plutôt été de relativiser, de nuancer, de préciser les enjeux et les perspectives d'un tel investissement, qui ne correspond pas au scénario « rose » privilégié par certains médias de manière hâtive.

Mais, même s'il n'est pas sans difficulté, un tel investissement peut se justifier également s'il correspond à des préférences personnelles, un véritable attrait pour le monde agricole, pour le travail de la terre, et plus globalement la nature. Le «verdissement » de la politique agricole commune, encore trop limité pour certains, renforce néanmoins ce lien entre agriculture et défense de l'environnement. Dans ce contexte, un investisseur peut trouver l'occasion à la fois de diversifier ses placements et de participer, même indirectement, à une activité qui lui tient à cœur.

Abréviations utilisées

DAEA : Direction de l'analyse Economique Agricole

DGARNE : Direction générale de l'agriculture, des Ressources naturelles et de l'Environnement

DGSIE : Direction générale Statistique et Information économique (Statbel, ex-INS)

DPU : Droit au payement unique

Ha : Hectare

INS : Institut national des statistiques

PAC : Politique agricole commune

SAFER : Sociétés d'aménagement foncier et d'établissement rural

SAU : Abréviation de « Surface Agricole Utile ». La SAU représente la superficie totale (d'un pays, d'une région...) diminuée par les superficies boisées, non agricoles, des landes improductives, des cours et enfin des bâtiments.

SIGEC : Système Intégré de Gestion et de Contrôle de la Direction générale de l'Agriculture

SPW : Service public de Wallonie

Bibliographie

Entretiens & Présentation de ces acteurs dans le monde de l'agriculture.[9]

Bertrand DE CUMONT. Eleveur d'Angus en Famenne. Dans les terres qu'il exploite, il est à la fois propriétaire et locataire en bail à ferme. (Entretiens entre autres, le 20/11/2014, le 20/02/15, le 12/03/15 et le 26/04/15)

Différents Agriculteurs. Locataires et parfois à la fois propriétaires en Hesbaye ou en Famenne. (Entretiens le 21/11/14, le 19/02/15, le 3/05/15)

Jean DE QUATREBARBES. Expert dans l'agriculture. Il vend des engrais et pesticides. Il conseille les agriculteurs dans l'achat et la gestion de leur terre et de leur stock de céréales.   (Entretien le 10/02/2015)

Joseph VAN DER STEGEN. Agronome, il est propriétaire de terres agricoles et forestières. Il travaille dans le développement durable pour l'Union Européenne. Passionné sur l'écologie et le développement durable, il nous a permis d'avoir une vue d'ensemble sur le monde de l'agriculture. (Entretien le 25/02/15)

Lionel LE HARDŸ. Co-fondateur de country-estates, société immobilière foncière. Le site Internet de country-estates présente Lionel le Hardŷ comme « *agent IPI, actif dans le secteur de l'immobilier rural depuis 20 ans. Spécialisé en valorisation de propriété de campagne, en entreprise forestière, en négociation avec les acteurs ruraux (agriculteurs, chasseurs, forestiers...) et en transaction immobilière*»[10]. (Entretiens le 29/02/15 et le 3/05/15)

---

[9] Repris par ordre chronologique

[10]Country Estates : http://www.country-estates.be/?page=about (page consultée en Janvier 2015)

Johnny DE CUMONT. Il est propriétaire de terre en Famenne et père d'un agriculteur. (Entretien le 20/03/15 et le 04/05/15). Il a assisté à de nombreuses ventes publiques de terre agricoles.

Etienne BEGUIN. Notaire à Beauraing et professeur de droit à l'UCL. Il est notamment spécialisé dans le domaine juridique de la vente des terres agricoles. (Entretien le 10/04/15 et le 20/05/15)

Antoine-Henry D'ANDLAU. Il est agriculteur, propriétaire de terre en France. Il nous a essentiellement éclairé sur le fonctionnement de la SAFER en France. (Entretien le 09/05/15)

Ouvrages

Anderson, D. (2008). *L'évolution de l'agriculture périurbaine en Belgique*, Université catholique de Louvain, Faculté d'ingénierie biologique, agronomique et environnementale.

Bergans, J., Burny P., & Lebailly P. (1988). *Caractéristiques principales de l'agriculture en région jurassique*, Editions du Musée gaumais Asbl, 266-280, Virton. Récupéré de http://orbi.ulg.ac.be/bitstream/2268/82633/1/Pays-gaumais_1988.pdf

BOIKETE, P. (2012). *Etat de la question : l'agriculture belge, bilan et perspective*. IEV. Fédération Wallonie-Bruxelles. Bruxelles. Récupéré de http://www.iev.be/getattachment/7d03f749-6c20-4911-9965-f7fbfe398660/L-agriculture-en-Belgique---Bilan-et-perspectives-.aspx

Chevau, T. (2007). *Les marchés fonciers agricoles en Belgique : mécanismes d'échanges et formation des prix*, Université de Liège, Faculté des Sciences Département de Géographie, Liège, 130p.

Ciaian P., Kancs D. et Swinnen J. (2012). *Income distributional effects of decoupled payments: single payment scheme in the European Union. Factor Markets Working* Paper No. 29. Brussels, Centre for European Policy Studies.

Ciaian P., Kancs D. et Swinnen J. (2010). *EU land markets and the Common Agricultural Policy*. Centre for European Policy Studies(CEPS), Brussels.

Clave, M. et Auverlot, D. (2010). *Les cessions d'actifs agricoles dans les pays en développement diagnostique et recommandations, Centre d'analyse stratégique*, Rapports & documents n°29, Direction de l'information légale et administrative, La Documentation française, Paris.

Commission européenne. (2015). *Agriculture et développement rural - Bénéficiaires des paiements de la PAC.* Récupéré de http://ec.europa.eu/agriculture/cap-funding/beneficiaries/shared/index_fr.htm

Commission européenne. (2013). *Présentation de la réforme de la PAC 2014-2020.* Récupéré de http://ec.europa.eu/agriculture/policy-perspectives/policy-briefs/05_fr.pdf

Delcour, A., Van Stappen, F., Gheysens, S., Decruyenaere, V., Stilmant, D., Burny, P., Rabier, F., Délécluse, L. Hanin Y. (2001). *L'agriculture wallonne a besoin de nouvelles terres.* Les Nouvelles de l'Hiver, Ministère de la Région wallonne, Direction générale de l'Agriculture, Jambes, p. 24-27.

DGSIE. (2011). *Average distribution in hectares of cropped areas in Wallonia from 2007 to 2010.* Bruxelles : Versonnen. Récupéré de http://statbel.fgov.be

DGSIE. (2011). *Chiffres clés de l'agriculture 2010.* Bruxelles : Versonnen. Récupéré de http://statbel.fgov.be/fr/binaries/chiffrescles_agriculture_2010_fr_tcm326-106257.pdf

DGSIE. (2012). *Chiffres clés de l'agriculture 2012.* Bruxelles : Versonnen. Récupéré de http://statbel.fgov.be/fr/binaries/FR_A5_WEB_Landbouw_2012_tcm326-192178.pdf

DGSIE. (2013). *Chiffres clés de l'agriculture 2013.* Bruxelles : Versonnen. Récupéré de http://statbel.fgov.be/fr/binaries/A5_FR_kerncijferslandbouw_2013_tcm326-228435.pdf

DGSIE, (2015). Chiffres clés de l'agriculture 2014. Bruxelles : Versonnen. Récupéré de http://statbel.fgov.be/fr/binaries/WEB_FR_Kerncijfers%20Landbou w_2014_tcm326-252903.pdf

DGSIE. (2014). *Montant des fermages pour les régions flamande et wallonne, par province et région agricole (EUR/ha) 2013*. Récupéré de http://statbel.fgov.be/fr/statistiques/chiffres/economie/agriculture /monetaires/fermages/

DG Trésor. (2014). *Agriculture et politique agricole en Pologne*, Publication des services économiques, Récupéré de http://www.tresor.economie.gouv.fr/File/406977

Direction générale opérationnelle de l'agriculture, des ressources naturelles et de l'environnement. (2015). *L'agriculture Wallonne en Chiffre, Département de l'Etude du milieu naturelle et agricole*. Jambe : édition SPW. Récupéré de http://agriculture.wallonie.be/apps/spip_wolwin/IMG/pdf/FR-2013.pdf

DUVIVIER, R. (2004). *L'effet de la réforme de la PAC de 1992 sur le prix des terres agricoles : le cas de la Belgique*, Université Catholique de Louvain, Faculté d'ingénierie biologique agronomique et environnementale, Louvain-la-Neuve; 104p.

Le Sillon Belge. (2005). *Les prix des terres agricoles en forte augmentation en 2004,* Bruxelles; 73e année n° 3183.

Louppe, H. & Goffart, J. (2014). *État des lieux des flux céréaliers en Wallonie selon différentes filières d'utilisation*, Base, Volume 18, numéro 2, Récupéré de http://popups.ulg.ac.be/1780-4507/index.php?id=11161.

Mousseau, F. (2015). *OPINION: The Corporate Takeover of Ukrainian Agriculture*, Inter Press Service (IPS), OAKLAND, United States, Récupéré de http://www.ritimo.org/article5525.html

OCDE/Organisation des Nations Unies pour l'alimentation et l'agriculture (2014). *Perspectives agricoles de l'OCDE et de la FAO 2014-2023*, Edition OCDE.
Récupéré de http://dx.doi.org/10.1787/agr_outlook-2014-fr

Peeters, A. (2010). Country pasture/forage resource profile for Belgium. Récupéré de http://www.fao.org/ag/AGP/AGPC/doc/Counprof/Belgium/belgium.htm. Rome, FAO, AGPC

Règlement (UE) n° 1307/2013 du Parlement européen et du Conseil du 17 décembre 2013 établissant les règles relatives aux paiements directs en faveur des agriculteurs au titre des régimes de soutien relevant de la politique agricole commune et abrogeant le règlement (CE) n° 637/2008 du Conseil et le règlement (CE) n° 73/2009 du Conseil, J.O. n° L 347, 20 décembre 2013, p. 608.

Sørensen, O., et Pfeifer, S. (2011). *Le changement climatique et les pratiques en matière d'investissement*, Revue internationale de sécurité sociale, Publiée par Blackwell Publishing Ltd, pp. 63-80.

SPF, Service publique fédéral. (2015). *Utilisateur professionnel, conseiller ou distributeur de produits phytopharmaceutiques ? Vous avez besoin d'une phyto licence !*, Santé publique, Sécurité de la chaîne alimentaire et Environnement, Service Pesticides et Engrais. Bruxelles.

SPW. (2015). *PAC 2015-2020 mise en œuvre de la réforme de la politique agricole commune en Wallonie*, Récupéré de http://agriculture.wallonie.be/apps/spip_wolwin/IMG/pdf/PAC-reforme-2015-wallonie.pdf

SPW. (2014). *Réforme de la Politique Agricole Commune (PAC) 2015-2020*, Récupéré de http://agriculture.wallonie.be/apps/spip_wolwin/rubrique.php3?id_rubrique=25

SPW. (2015). *La transmission de l'entreprise agricole en droit fiscal wallon*. Bruxelles.

Swinnen, J. Ciaian P. Kancs D'A. (2008). *Study on the functioning of land markets in the EU Member States under the influence of measures applied under the Common Agricultural Policy,* Centre for European Policy Studies (CEPS), Brussels.

Swinnen J. et al. (2013). *Possible effects on EU land markets of new cap direct payments*. Study n° IP/B/AGRI/IC/2012_66. Brussels, Policy Départment B: Structural and Cohesion Policies (European Parliament), 96 p.

Terestchenko, M. (2011). *L'Ukraine, un « gisement vert » au cœur de l'Europe*. Mouvement pour une Organisation Mondiale de l'Agriculture. Récupéré de http://www.momagri.org/FR/editos/L-Ukraine-un-gisement-vert-au-coeur-de-l-Europe_930.html

Terrones, F., Gavira, F., Burny, P., Lebaillya, P. (2014). *Caractéristiques du capital foncier des exploitations agricoles dans le Sud de la Belgique*, LYON.

Terrone, F., Gavira F., Lebailly P. (2013). Rapporteur's analysis of questionnaires circulated to young farmers across the EU and identification of general trends. Roundtable debate: "Enhancing Youth employment in agriculture for more sustainable Europe". Ceja Round Table, Brussels, 27-28, 32 p. Récupéré de http://www.futurefoodfarmers.eu/yaeplus/#present.

VAN STAPPEN et al. (2014). *Établissement de scénarios alternatifs de valorisations des ressources céréalières wallonnes à l'horizon 2030*. Biotechnol, 193-208.

Webographie
Belgium.be. (2015). *Natura 2000*. Récupéré le 15 avril 2015 de http://www.belgium.be/fr/environnement/biodiversite_et_nature/conservation_de_la_nature/par_region/natura_2000/

Belgian Federal Government. (2015) *Bons d'Etat : Résultats des dernières émissions* Récupéré le 25 avril 2015 de http://www.debtagency.be/fr_products_statenotes_results.htm

CEAV. (2014). *Controlled Environment Agriculture Center.* Récupéré le 5 février 2015 de http://cals.arizona.edu/ceac/

Denoel, T. (2013, 17 mai). *Pourquoi Albert Frère investit dans les terres agricoles.* Levif. Récupéré de http://www.levif.be/actualite/belgique/pourquoi-albert-frere-investit-dans-les-terres-agricoles/article-normal-84229.html

DGSIE. (2010). *Agriculture : recensement / enquête agricole de mai 2000 – 2009 Date d'édition: 22/10/2010.* Type de Publication: Statistiques, Statistiques - Economie, Statistiques – Tableaux Excel téléchargeables. Récupéré le 11 mars 2015 de http://statbel.fgov.be/fr/modules/publications/statistiques/economie/agriculture_recensement_enquete_de_mai.jsp

DGSIE. (2015). *Inflation.* Récupéré le 3 mai 2015 de http://statbel.fgov.be/fr/statistiques/chiffres/economie/prix_consommation/inflation/

DGSIE. (2015). *Recensements agricoles de 1995, 2000, 2005, 2007, 2008, 2009, 2010, 2011, 2012, 2013, 2014, 2015. Bruxelles : Service Public Fédéral Économie, DGSIE.* Récupéré le 20 mars 2015 de http://statbel.fgov.be/fr/statistiques/chiffres/economie/prix_consommation/inflation/

DGSIE (2015), *Indice des prix à la production des produits agricoles et horticoles pour la Belgique, dernières 6 années,* Récupéré le 25 mars 2015 de http://statbel.fgov.be/fr/statistiques/chiffres/economie/agriculture/monetaires/marche/6annees/

DGSIE (2014), *Evolution des fermages au cours de la période 2002-2013 au niveau de la Belgique (EUR/ha)*, Récupéré le 2 mars 2015 de http://statbel.fgov.be/fr/statistiques/chiffres/economie/agriculture/monetaires/fermages/

EuroStat. (2014). *Estimated Hourly Labour Costs, 2014 (EUR)*. Récupéré le 2 avril 2015 de http://ec.europa.eu/eurostat/statistics-explained/index.php/File:Estimated_hourly_labour_costs,_2014_%28%C2%B9%29_%28EUR%29_YB15.png

FAO, (2015), Situation alimentaire mondiale, Récupéré le 20 avril 2015 de http://www.fao.org/worldfoodsituation/foodpricesindex/fr/

FXTO. (2015). *Historique taux change*. Récupéré le 24 avril 2015 de http://fxtop.com/fr/historique-taux-change.php?A=1&C1=USD&C2=EUR&YA=1&DD1=31&MM1=12&YYYY1=2010&B=1&P=&I=1&DD2=31&MM2=12&YYYY2=2012&btnOK=Chercher

Hainaut, F., et Fouya, V. (2015). *Terres agricoles en vue*. [Émission télévision & Web diffusée] Récupéré de http://www.rtbf.be/tv/emission/detail_on-n-est-pas-des-pigeons/rubriques/budget/article_terres-agricoles-en-vue?id=8917259&emissionId=2813#images-pane-8468562

Immotheker. (2015). *Aperçu de la moyenne des taux pour les credits logements en Belgique*. Récupéré le 2 avril 2015 de https://www.immotheker.be/FR/Services/Barometre_de_taux/

JEANDEY, A. (2014). *La directive européenne sur la protection des sols est enterrée, Wikiagri*. Récupéré le 9 avril 2015 de http://wikiagri.fr/articles/la-directive-europeenne-sur-la-protection-des-sols-est-enterree/1111

Le Brabant Wallon. (2014). *L'agriculture en Brabant Wallon.* Récupéré le 27 avril 2015 de http://www.brabantwallon.be/fr/Qualite-de-vie/agriculture/

NEXT FINANCE. (2010). *The purchase of farmlands.* Récupéré le 2 mars 2015 de http://www.next-finance.net/Olivier-Combastet-The-purchase-of

ONU. (2013). *La population mondiale devrait atteindre 9,6 milliards en 2050.* Récupéré le 18 mars 2015 de http://www.un.org/apps/newsFr/storyF.asp?NewsID=30521#.VVYVn5NnhOR

Revenu Agricole. (2015). Revue électronique : Revenu agricole, *évolution du cours du blé tendre.* Récupéré le 20 mai 2014 de http://www.revenuagricole.fr/focus-marches/cerealier/focus-produits/ble (page consultée le 16/04/15)

SAFER. (2015). *Aménagement et développement de l'espace rurale.* Récupéré le 26 avril 2015 de http://www.safer.fr/

Statistique Mondiale. (2015). *Statistiques et cartes des continents et des pays.* Récupéré le 2 avril 2015 de http://www.statistiques-mondiales.com/europe.htm

Statistiques mondiales. (2015). *Statistiques et cartes des continents et des pays.* Récupéré le 20 mars 2015 de http://www.statistiques-mondiales.com

Wallonie.be. (2015). *La biodiversité en Wallonie, Natura 2000 en Wallonie.* Récupéré le 12 mars 2015 de http://biodiversite.wallonie.be/fr/natura-2000.html?IDC=829

Annexes

I. Augmentation des superficies arables et du rendement des cultures dans le monde : Évolution en pourcentage en 2023 par rapport à 2011-13

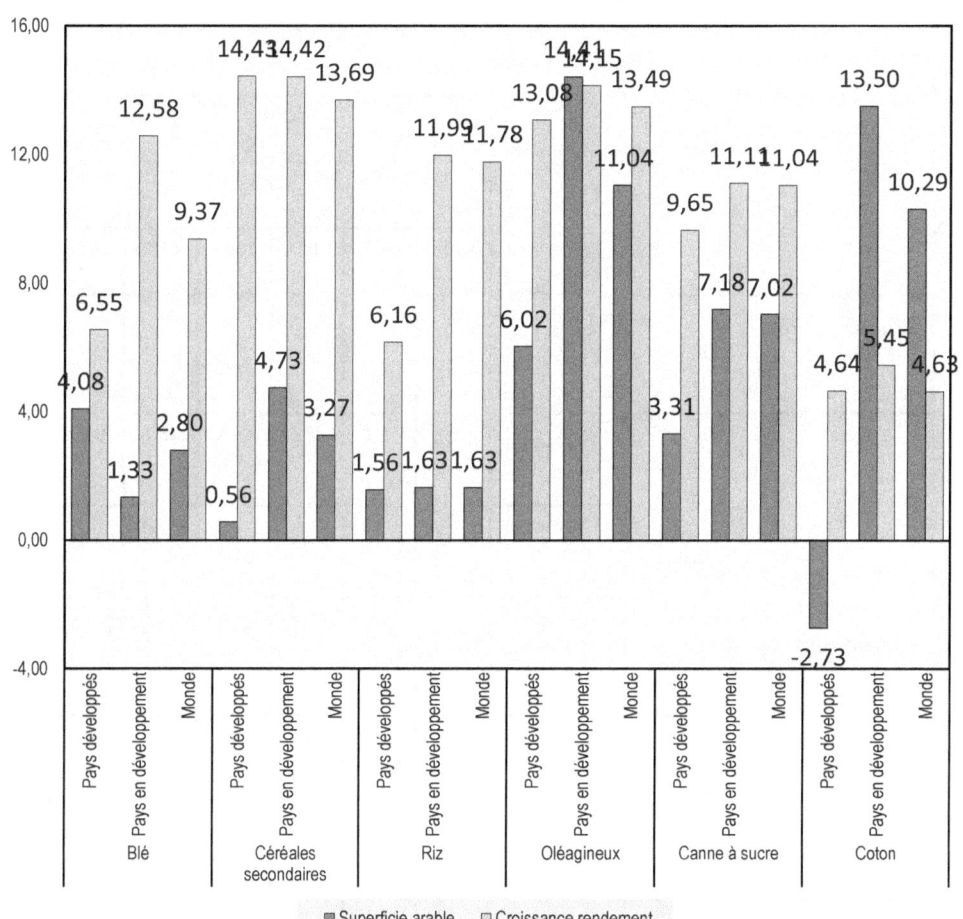

Source : Secrétariats de l'OCDE et de la FAO (2014)

II. Indice des prix à la production des produits agricoles et horticoles pour la Belgique, dernières 6 années

Indice			Année de base					
			2010					
			Date					
			2009	2010	2011	2012	2013	2014
Structure agricole output								
Produits agricoles	Produits Végétaux	Céréales	69,27	100,00	125,81	143,12	125,33	103,29
		Plantes sarclées	62,16	100,00	60,16	124,11	137,48	43,54
		Autres produits végétaux	83,71	100,00	127,20	143,63	120,30	119,32
	Animaux et produits animaux	Animaux	100,75	100,00	109,10	119,56	119,01	110,92
		Produits animaux	81,83	100,00	107,68	105,41	120,92	119,67
Produits horticoles	Légumes	Pleine terre	84,01	100,00	82,86	92,23	95,39	58,96
		Sous verre	72,45	100,00	58,13	85,68	76,59	72,31
		Champignons	101,69	100,00	90,81	149,08	97,26	93,23
	Fruits	Fruits Frais	118,63	100,00	112,12	102,25	148,26	101,54

Indice			Année de base					
			2010					
			Date					
			2009	2010	2011	2012	2013	2014
	Produits horticoles non comestibles	Fleurs coupées	92,28	100,00	101,35	102,51	100,59	103,69
		Autres non comestibles	95,98	100,00	98,65	109,01	110,52	106,72
TOUS LES GROUPES/TEMOINS			90,16	100,00	100,76	114,41	122,42	100,00

Source : DGSIE (2015)

III. Évolution des fermages au cours de la période 2002-2013 au niveau de la Belgique (EUR/ha)

Années	Terres labourées	Prairies permanentes
2002	197	184
2003	200	186
2004	203	191
2005	208	193
2006	210	199
2007	220	207
2008	225	215
2009	229	215
2010	233	222
2011	242	231
2012	248	239
2013	257	243

Source: DGSIE (2014)

IV. Montant des fermages pour les régions flamande et wallonne, par province et région agricole (EUR/ha) 2013

Régions, provinces et régions agricoles	Terres labourées	Prairies permanentes
Régions et provinces :		
Région flamande	303	282
Province d'Anvers	306	259
Province du Limbourg	268	227
Province de Flandre orientale	305	280
Province du Brabant flamand	220	203
Province de Flandre occidentale	352	351
Région wallonne	217	210
Province du Brabant wallon	261	245
Province du Hainaut	241	239
Province de Liège	244	230
Province du Luxembourg	147	147
Province de Namur	198	189
Régions agricoles :		
Dunes-Polders	339	325
Région sablonneuse	306	294
Campine	288	241
Région sablo-limoneuse	294	282
Région limoneuse	269	255
Région herbagère (Liège)	231	230
Campine hennuyère	-	-
Condroz	220	207
Haute Ardenne	184	174
Région herbagère (Fagne)	113	112
Famenne	127	125
Ardenne	155	154
Région jurassique	140	144

V. Calcul du prix (€/m²) de la terre de culture et des prairies en euro constant (sans l'inflation)

	Prix en € courants		Indice des prix		Prix en € constants		Idem indice 1974	
	Terres de culture €/m2	Terres de pâturage €/m²	Indice des prix	Indice prix 1973	Terres de culture €/m²	Terres de pâturages €/m²	Indice terre de culture 1973	Indice pâturages 1973
1973	0,66	0,56	116,3361169	100,00	0,66	0,56	100	100
1974	0,72	0,60	125,1043841	107,54	0,67	0,56	101	100
1975	0,76	0,66	144,6764092	124,36	0,61	0,53	93	96
1976	0,89	0,79	160,3340292	137,82	0,65	0,57	98	102
1977	1,01	0,97	172,7035491	148,45	0,68	0,66	103	118
1978	1,21	1,11	182,6722338	157,02	0,77	0,71	117	127
1979	1,32	1,13	189,874739	163,21	0,81	0,69	122	124
1980	1,26	1,09	201,2004175	172,95	0,73	0,63	111	113
1981	1,18	1,00	215,2400835	185,02	0,64	0,54	97	97
1982	1,05	0,92	233,0375783	200,31	0,53	0,46	80	82
1983	1,05	0,90	252,5574112	217,09	0,48	0,42	73	75
1984	1,07	0,91	269,8851774	231,99	0,46	0,39	70	70
1985	1,08	0,90	283,4551148	243,65	0,44	0,37	67	66
1986	1,10	0,89	293,3716075	252,18	0,44	0,35	66	64
1987	1,13	0,88	295,9812108	254,42	0,45	0,35	68	62
1988	1,12	0,90	298,7473904	256,80	0,44	0,35	66	63
1989	1,16	0,93	305,8977035	262,94	0,44	0,35	67	63
1990	1,21	0,95	316,9102296	272,41	0,45	0,35	68	63
1991	1,18	0,98	329,1753653	282,95	0,42	0,35	63	62
1992	1,21	0,98	336,691023	289,41	0,42	0,34	63	61
1993	1,20	0,96	346,2421712	297,62	0,40	0,32	61	58
1994	1,19	0,98	354,6450939	304,85	0,39	0,32	59	58
1995	1,23	0,98	361,2734864	310,54	0,40	0,31	60	56
1996	1,20	1,00	368,3194154	316,60	0,38	0,32	57	57
1997	1,24	1,06	376,8789144	323,96	0,38	0,33	58	59
1998	1,27	1,09	378,3924843	325,26	0,39	0,33	59	60
1999	1,39	1,10	382,045929	328,40	0,42	0,33	64	60
2000	1,41	1,23	388,8308977	334,23	0,42	0,37	64	66
2001	1,59	1,29	397,3903966	341,59	0,47	0,38	71	68
2002	1,73	1,19	408,9248434	351,50	0,49	0,34	74	61
2003	1,64	1,44	413,8830898	355,76	0,46	0,41	70	73
2004	1,76	1,61	420,4592902	361,42	0,49	0,45	74	80
2005	2,10	2,10	429,9582463	369,58	0,57	0,57	86	102
2006	2,50	1,80	441,2317328	379,27	0,66	0,47	100	85

Données : DGSIE (2007)

Source: Edouard NÈVE (2015)

VI. Enquête agricole de mai 2012-2013 : résultats provisoires

Chiffres agricoles 2013 résultats provisoires	Unités	Belgique			Région flamande			Région wallonne		
		2012	2013	Evolution	2012	2013	Evolution	2012	2013	Evolution
nombre d'exploitations	expl.	38.559	37.470	-2,8%	25.258	24.425	-3,3%	13.301	13.045	-1,9%
superficie agricole utilisée	ha	1.333.913	1.335.969	+0,2%	620.101	625.700	+0,9%	713.812	710.268	-0,5%
céréales pour le grain	ha	341.822	336.578	-1,5%	152.208	144.233	-5,2%	189.614	192.345	+1,4%
cultures industrielles	ha	91.995	93.245	+1,4%	32.829	32.670	-0,5%	59.166	60.575	+2,4%

Source: DGSIE (2015)

1. Certaines personnes actives dans le secteur que j'ai eu l'occasion de rencontrer font état d'une augmentation des prix des terrains agricoles depuis plusieurs années : confirmez-vous ce diagnostic ? A quel point ?
2. Si cette augmentation est réelle, comment l'expliquez-vous ?
3. Si cette augmentation est réelle, concerne-t-elle tous les types de terrains agricoles dans les mêmes proportions ?
4. Vous attendez-vous à une (poursuite de l') augmentation des prix des terres agricoles ? Pourquoi ?
5. Certaines multinationales ont-elles investi massivement dans les terres en Belgique ?
6. En l'absence de données officielles sur les prix auquel se vendent aujourd'hui les terres agricoles, comment peut-on se faire une idée de ces prix dans les différentes régions ?
7. Quelle part représente dans l'ensemble des transactions foncières agricoles les acquisitions réalisées par des agriculteurs du voisinage, par rapport à des acquisitions réalisées dans un but d'investissement ? Qui achète les terres ?
8. Quel impact le renchérissement des terres agricoles peut-il avoir sur la problématique de la transmission de ces terres à la génération suivante ? La hausse des prix n'incitera-t-elle pas davantage d'héritiers à chercher à vendre ?
9. Quels sont les secteurs qu'un investisseur désireux d'investir dans le foncier agricole devrait privilégier, et pourquoi ? Pour la viande, le grain, il faut de l'investissement humain.
10. Quelles sont les spécificités, pour un investisseur, d'un investissement dans l'exploitation forestière/sylviculture ?
11. Quelle importance revêt la dimension fiscale pour un investisseur dans le secteur foncier agricole ?
12. Evolution du nombre de propriétaire par rapport au nombre d'exploitant ?
13. Quels sont les acteurs/facteurs qui font monter les prix des terres agricoles ?